Mediterrane Köstlichkeiten

Von Olivenhainen bis zum Mittelmeer - Genießen Sie die Aromen der Sonne

Sofia Santorini

Inhalt

Wolfsbarsch in einer Tasche 9
Cremige Nudeln mit Räucherlachs 11
Slow Cooker griechisches Hähnchen 13
Hähnchen-Gyro 15
Slow Cooker Hähnchen-Cassoulet 17
Gebratener Truthahn nach griechischer Art 20
Knoblauch-Huhn-Couscous 22
Karahi-Huhn 24
Hähnchen Cacciatore mit Orzo 26
Langsam gegarter provenzalischer Daube 28
Bär Bucco 30
Slow Cooker Rindfleisch Bourguignon 32
Balsamico-Kalb 35
Roastbeef 37
Reis und mediterrane Wurst 39
Spanische Fleischbällchen 40
Blumenkohlsteak mit Oliven- und Zitrussauce 42
Pesto-Nudeln mit Pistazien und Minze 44
Kirschtomatensauce mit Engelshaarnudeln 46
Gebratener Tofu mit getrockneten Tomaten und Artischocken 48
Gebackener mediterraner Tempeh mit Tomaten und Knoblauch 50
Gebratene Portobello-Pilze mit Grünkohl und roten Zwiebeln 53
Zucchini gefüllt mit Ricotta, Basilikum und Pistazien 57
Farro mit gebratenen Tomaten und Pilzen 59

Gebratener Orzo mit Auberginen, Mangold und Mozzarella 62

Gerstenrisotto mit Tomaten 64

Kichererbsen und Grünkohl mit würziger Pomodoro-Sauce 66

Gebackener Feta mit Grünkohl und Zitronenjoghurt 68

Gebratene Auberginen und Kichererbsen mit Tomatensauce 70

Gebratene Falafel-Schieber 72

Portobello Caprese 74

Tomate gefüllt mit Champignons und Käse 76

Gruppieren Sie es 78

Würziger Brokkoli und Artischockenherzen 80

Shakshuka 82

Spanakopita 84

Tajine 86

Zitrus Pistazien und Spargel 88

Auberginen gefüllt mit Tomaten und Petersilie 90

Ratatouille 92

gemist 94

Kohlrouladen 96

Rosenkohl mit Balsamico-Glasur 98

Spinatsalat mit Zitrus-Vinaigrette 100

Einfacher Sellerie-Orangen-Salat 101

frittierte Auberginenrolle 103

Gegrilltes Gemüse und braune Reisschüssel 105

Blumenkohl mit gehackten Karotten 107

Zucchiniwürfel mit Knoblauch und Minze 108

Zucchini- und Artischockengericht mit faro 109

5 Zutaten für Zucchini-Krapfen 111

Marokkanische Tajine mit Gemüse 113
Kichererbsen-Salat-Wraps mit Sellerie 115
Gegrillte Gemüsespieße 116
Gefüllte Portobello-Pilze mit Tomaten 118
Verwelkte Löwenzahnblätter mit süßen Zwiebeln 120
Sellerie und Senfgrün 121
Rührei mit Gemüse und Tofu 122
einfache Zoodles 124
Wraps aus Linsen und Tomatensprossen 125
Mediterrane Gemüseplatte 127
Gebratenes Gemüse und Hummus-Wrap 129
Spanische grüne Bohnen 131
Rustikales Blumenkohl- und Karottenhasch 132
Gebratener Blumenkohl und Tomaten 133
Gerösteter Eichelkürbis 135
Knoblauch gerösteter Spinat 137
Geröstete Zucchini mit Knoblauchminze 138
gedämpfte Okraschoten 139
Gefüllte Paprikaschoten mit süßem Gemüse 140
Aubergine Mussaka 142
Mit Gemüse gefüllte Weinblätter 144
gegrillte Auberginenrolle 146
Knusprige Zucchini-Krapfen 148
Spinatkuchen mit Käse 150
Gurke beißt 152
Joghurt-Dip 153
Tomaten-Bruschetta 154

Tomaten gefüllt mit Oliven und Käse	156
Pfeffer-Tapenade	157
Koriander Falafel	158
Paprika-Hummus	160
weißer Bohnendip	161
Hummus mit gehacktem Lamm	162
Auberginen-Dip	163
Gemüsepfanne	164
Bulgur-Lammfleischbällchen	166
Gurke beißt	168
Gefüllte Avocado	169
verpackte Pflaumen	170
Marinierter Feta und Artischocke	171
Thunfisch-Krokette	173
Räucherlachs roh	176
Marinierte Oliven mit Zitrusfrüchten	177
Oliven-Tapenade-Sardellen	178
Griechische Teufelseier	180
La Mancha Kekse	182
Burrata Caprese-Stapel	184
Gebratener Zucchini-Ricotta mit Zitronen-Knoblauch-Aioli	186
Mit Lachs gefüllte Gurke	189
Ziegenkäse und Makrelenpastete	191
Der Geschmack mediterraner Fettbomben	193
Avocado-Gazpacho	195
Crab Cake Salatbecher	197
Estragon-Orangen-Hähnchensalat-Verpackung	199

Pilze gefüllt mit Feta-Käse und Quinoa 201

Falafel aus fünf Zutaten mit Knoblauch-Joghurt-Sauce 203

Zitronengarnelen mit Knoblauch-Olivenöl 205

Knusprige Pommes aus grünen Bohnen mit Zitronen-Joghurt-Sauce 207

Hausgemachte Meersalz-Pita-Chips 209

Gebratener Spanakopita-Dip 210

Gerösteter Perlzwiebel-Dip 212

Paprika-Tapenade 214

Griechische Kartoffelkruste mit Oliven und Feta-Käse 216

Pita-Fladenbrot mit Artischocken und Oliven 218

Wolfsbarsch in einer Tasche

Zubereitungszeit: 10 Minuten.

Zeit zu Kochen: 25 Minuten

Portionen: 4

Schwierigkeitsgrad: mittel

Zutaten:

- 4 Wolfsbarschfilets
- 4 Knoblauchzehen, in Scheiben geschnitten
- 1 in Scheiben geschnittene Selleriestange
- 1 geschnittene Zucchini
- 1 C. Kirschtomaten halbiert
- 1 Schalotte, in Scheiben geschnitten
- 1 Teelöffel getrockneter Oregano
- Salz Pfeffer

Titel:

Knoblauch, Sellerie, Zucchini, Tomaten, Frühlingszwiebeln und Oregano in einer Schüssel mischen. Mit Salz und Pfeffer abschmecken. Nimm 4 Stücke Backpapier und lege sie auf die Arbeitsfläche. Legen Sie die Gemüsemischung in die Mitte jedes Blattes.

Legen Sie ein Fischfilet darauf und wickeln Sie das Papier fest ein, damit es wie eine Tasche aussieht. Legen Sie den eingewickelten Fisch auf ein Backblech und backen Sie ihn 15 Minuten lang in einem vorgeheizten Ofen bei 176 °C. Der Fisch wird warm und frisch serviert.

Ernährung (pro 100 Gramm): 149 Kalorien 2,8 g Fett 5,2 g Kohlenhydrate 25,2 g Protein 696 mg Natrium

Cremige Nudeln mit Räucherlachs

Zubereitungszeit: 5 Minuten.

Zeit zu Kochen: 35 Minuten

Portionen: 4

Schwierigkeitsgrad: mittel

Zutaten:

- 2 Esslöffel Olivenöl
- 2 Knoblauchzehen, fein gehackt
- 1 gehackte Schalotte
- 4 Unzen. oder 113 g gehackter Räucherlachs
- 1 C. grüne Erbsen
- 1 C. dicke Sahne
- Salz Pfeffer
- 1 Prise Chiliflocken
- 8 Unzen. oder 230 g Penne-Nudeln
- 6c. Wasser

Titel:

Stellen Sie die Pfanne auf mittlere Hitze und fügen Sie Öl hinzu. Knoblauch und Schalotten dazugeben. 5 Minuten kochen oder bis sie weich sind. Erbsen, Salz, Pfeffer und Chiliflocken hinzufügen. 10 Minuten kochen.

Fügen Sie den Lachs hinzu und kochen Sie weitere 5-7 Minuten. Sahne zugeben, Hitze reduzieren und weitere 5 Minuten kochen.

In der Zwischenzeit eine Pfanne mit Wasser und Salz nach Geschmack auf hohe Hitze stellen, sobald es kocht, die Penne-Nudeln hinzufügen und 8-10 Minuten kochen oder bis sie weich sind. Nudeln abseihen, zur Lachssauce geben und servieren.

Ernährung (pro 100 Gramm): 393 Kalorien 20,8 g Fett 38 g Kohlenhydrate 3 g Protein 836 mg Natrium

Slow Cooker griechisches Hähnchen

Zubereitungszeit: 20 Minuten.

Kochzeit: 3 Stunden.

Portionen: 4

Schwierigkeitsgrad: mittel

Zutaten:

- 1 Esslöffel natives Olivenöl extra
- 2 Kilo Hähnchenbrust ohne Knochen
- ½ Teelöffel koscheres Salz
- ¼ Teelöffel schwarzer Pfeffer
- 1 Glas (12 Unzen) geröstete rote Paprika
- 1 Tasse Kalamata-Oliven
- 1 mittelgroße rote Zwiebel, gewürfelt
- 3 Esslöffel Rotweinessig
- 1 Esslöffel gehackter Knoblauch
- 1 Teelöffel Honig
- 1 Teelöffel getrockneter Oregano
- 1 Teelöffel getrockneter Thymian
- ½ Tasse Feta-Käse (optional, zum Servieren)
- Gehackte frische Kräuter - beliebige Mischung aus Basilikum, Petersilie oder Thymian (optional, zum Servieren)

Titel:

Den Slow Cooker mit Kochspray oder Olivenöl bestreichen. Das Olivenöl in einer großen Pfanne erhitzen. Beide Seiten der Hähnchenbrust würzen. Wenn das Öl heiß ist, fügen Sie die Hähnchenbrust hinzu und braten Sie sie auf beiden Seiten (ca. 3 Minuten).

Nach dem Garen in den Slow Cooker geben. Paprika, Oliven und rote Zwiebeln zu den Hähnchenbrüsten geben. Versuchen Sie, das Gemüse um das Huhn herum zu platzieren und nicht direkt darauf.

In einer kleinen Schüssel Essig, Knoblauch, Honig, Oregano und Thymian mischen. Sobald es zusammengekommen ist, gießen Sie es über das Huhn. Das Hähnchen 3 Stunden köcheln lassen oder bis die Mitte nicht mehr rosa ist. Mit zerbröckeltem Feta-Käse und frischen Kräutern servieren.

Ernährung (pro 100 Gramm): 399 Kalorien 17 g Fett 12 g Kohlenhydrate 50 g Protein 793 mg Natrium

Hähnchen-Gyro

Zubereitungszeit: 10 Minuten.

Kochzeit: 4 Stunden.

Portionen: 4

Schwierigkeitsgrad: mittel

Zutaten:

- 2 Pfund. Hähnchenbrust oder Hähnchenfilet ohne Knochen
- Saft einer Zitrone
- 3 Knoblauchzehen
- 2 Teelöffel Rotweinessig
- 2-3 Esslöffel Olivenöl
- ½ Tasse griechischer Joghurt
- 2 Teelöffel getrockneter Oregano
- 2-4 Teelöffel griechische Gewürze
- ½ kleine rote Zwiebel, fein gehackt
- 2 Esslöffel Dill
- Tzatziki Sauce
- 1 Tasse griechischer Naturjoghurt
- 1 Esslöffel Dill
- 1 kleine englische Gurke, gehackt
- Prise Salz und Pfeffer
- 1 Teelöffel Zwiebelpulver
- <u>Für die Beläge:</u>

- Tomate
- gehackte Gurke
- Gehackte rote Zwiebel
- Gewürfelter Feta-Käse
- zerkrümeltes Fladenbrot

Titel:

Hähnchenbrust in Würfel schneiden und in den Slow Cooker geben. Zitronensaft, Knoblauch, Essig, Olivenöl, griechischen Joghurt, Oregano, griechische Gewürze, rote Zwiebel und Dill in den Slow Cooker geben und gut verrühren.

Bei schwacher Hitze 5-6 Stunden oder bei starker Hitze 2-3 Stunden garen. In der Zwischenzeit alle Zutaten für die Tzatziki-Sauce hinzugeben und verrühren. Sobald alles gut vermischt ist, im Kühlschrank aufbewahren, bis das Hähnchen weich ist.

Wenn das Huhn fertig ist, servieren Sie es mit Fladenbrot und einigen oder allen der oben aufgeführten Zutaten.

Ernährung (pro 100 Gramm): 317 Kalorien 7,4 g Fett 36,1 g Kohlenhydrate 28,6 g Protein 476 mg Natrium

Slow Cooker Hähnchen-Cassoulet

Zubereitungszeit: 10 Minuten.

Zeit zu Kochen: 20 Minuten

Portionen: 16

Schwierigkeitsgrad: mittel

Zutaten:

- 1 Tasse trockene weiße Bohnen, eingeweicht
- 8 Hähnchenschenkel ohne Haut und Knochen
- 1 polnische Wurst, gekocht und gehackt (optional)
- 1¼ Tassen Tomatensaft
- 1 Dose (28 oz.) Tomaten, halbiert
- 1 Esslöffel Worcestershire-Sauce
- 1 Teelöffel Instant-Rinder- oder Hühnerbrühe-Granulat
- ½ Teelöffel getrocknetes Basilikum
- ½ Teelöffel getrockneter Oregano
- ½ Teelöffel Paprika
- ½ Tasse gehackter Sellerie
- ½ Tasse gehackte Karotten
- ½ Tasse gehackte Zwiebel

Titel:

Beschichten Sie den Schongarer mit Olivenöl oder Antihaft-Kochspray. In einer Schüssel Tomatensaft, Tomaten,

Worcestersauce, Rinderbrühe, Basilikum, Oregano und Paprika mischen. Stellen Sie sicher, dass die Zutaten gut vermischt sind.

Legen Sie Hähnchen und Wurst in den Slow Cooker und gießen Sie die Tomatensaftmischung hinein. Sellerie, Karotte und Zwiebel darauf legen. 10-12 Stunden bei schwacher Hitze garen.

Ernährung (pro 100 Gramm): 244 Kalorien 7g Fett 25g Kohlenhydrate 21g

Slow Cooker Provenzalisches Hähnchen

Zubereitungszeit: 5 Minuten.

Kochzeit: 8 Stunden.

Portionen: 4

Schwierigkeitsgrad: Einfach

Zutaten:

- 4 knochenlose, hautlose Hähnchenbrusthälften (6 Unzen)
- 2 Teelöffel getrocknetes Basilikum
- 1 Teelöffel getrockneter Thymian
- 1/8 Teelöffel Salz
- 1/8 Teelöffel frisch gemahlener schwarzer Pfeffer
- 1 gelbe Paprika, gewürfelt
- 1 rote Paprika, gewürfelt
- 1 Dose (15,5 oz) Cannellini-Bohnen
- 1 Dose (14,5 oz) Babytomaten mit Basilikum, Knoblauch und Oregano, abgetropft

Titel:

Bürsten Sie den Schongarer mit Antihaft-Olivenöl. Alle Zutaten in den Slow Cooker geben und vermischen. 8 Stunden bei schwacher Hitze garen.

Ernährung (pro 100 Gramm): 304 Kalorien 4,5 g Fett 27,3 g Kohlenhydrate 39,4 g Protein 639 mg Natrium

Gebratener Truthahn nach griechischer Art

Zubereitungszeit: 20 Minuten.

Zeit zu Kochen: 7:30 Uhr

Portionen: 8

Schwierigkeitsgrad: mittel

Zutaten:

- 1 (4 Pfund) Putenbrust ohne Knochen, in Scheiben geschnitten
- ½ Tasse Hühnerbrühe, geteilt
- 2 Esslöffel frischer Zitronensaft
- 2 Tassen gehackte Zwiebel
- ½ Tasse entkernte Kalamata-Oliven
- ½ Tasse sonnengetrocknete Tomaten in Öl verpackt, in dünne Scheiben geschnitten
- 1 Teelöffel griechische Gewürze
- ½ Teelöffel Salz
- ¼ Teelöffel frisch gemahlener schwarzer Pfeffer
- 3 Esslöffel Allzweckmehl (oder Vollkornmehl).

Titel:

Beschichten Sie den Schongarer mit Antihaft-Kochspray oder Olivenöl. Putenfleisch, ¼ Tasse Hühnerbrühe, Zitronensaft,

Zwiebel, Oliven, sonnengetrocknete Tomaten, griechische Gewürze, Salz und Pfeffer in den Slow Cooker geben.

7 Stunden bei schwacher Hitze garen. Gießen Sie das Mehl in die verbleibende ¼ Tasse der Hühnerbrühe und rühren Sie es dann vorsichtig in den Slow Cooker. Weitere 30 Minuten kochen.

Ernährung (pro 100 Gramm): 341 Kalorien 19 g Fett 12 g Kohlenhydrate 36,4 g Protein 639 mg Natrium

Knoblauch-Huhn-Couscous

Zubereitungszeit: 25 Minuten.

Kochzeit: 7 Stunden.

Portionen: 4

Schwierigkeitsgrad: mittel

Zutaten:

- 1 ganzes Huhn, gewürfelt
- 1 Esslöffel natives Olivenöl extra
- 6 Knoblauchzehen, halbiert
- 1 Tasse trockener Weißwein
- 1 Tasse Couscous
- ½ Teelöffel Salz
- ½ Teelöffel Pfeffer
- 1 mittelgroße Zwiebel, fein geschnitten
- 2 Teelöffel getrockneter Thymian
- 1/3 Tasse Vollkornmehl

Titel:

Das Olivenöl in einer schweren Pfanne erhitzen. Wenn die Pfanne heiß ist, fügen Sie das Huhn hinzu, um es zu bräunen. Achten Sie darauf, dass sich die Hähnchenteile nicht berühren. Mit der Hautseite nach unten etwa 3 Minuten backen oder bis sie goldbraun sind.

Beschichten Sie Ihren Schongarer mit Antihaft-Kochspray oder Olivenöl. Zwiebel, Knoblauch und Thymian in den Slow Cooker geben und mit Salz und Pfeffer bestreuen. Das Hähnchen auf die Zwiebeln geben.

In einer separaten Schüssel das Mehl mit dem Wein glatt rühren und dann über das Hähnchen gießen. 7 Stunden köcheln lassen oder bis es fertig ist. Sie können 3 Stunden bei starker Hitze kochen. Servieren Sie das Huhn auf dem gekochten Couscous und gießen Sie dann die Sauce darüber.

Ernährung (pro 100 Gramm): 440 Kalorien 17,5 g Fett 14 g Kohlenhydrate 35,8 g Protein 674 mg Natrium

Karahi-Huhn

Zubereitungszeit: 5 Minuten.

Kochzeit: 5 Stunden.

Portionen: 4

Schwierigkeitsgrad: Einfach

Zutaten:

- 2 Pfund. Hähnchenbrust oder Schenkel
- ¼ Tasse Olivenöl
- 1 kleine Dose Tomatenmark
- 1 Esslöffel Butter
- 1 große Zwiebel, gewürfelt
- ½ Tasse griechischer Naturjoghurt
- ½ Tasse Wasser
- 2 Esslöffel Ingwer-Knoblauch-Paste
- 3 Esslöffel Bockshornkleeblätter
- 1 Teelöffel gemahlener Koriander
- 1 mittelgroße Tomate
- 1 Teelöffel rote Chili
- 2 grüne Chilis
- 1 Teelöffel Kurkuma
- 1 Esslöffel Garam Masala
- 1 Teelöffel Kreuzkümmelpulver
- 1 Teelöffel Meersalz
- ¼ Teelöffel Muskatnuss

Titel:

Beschichten Sie den Schongarer mit Antihaft-Kochspray. Alle Gewürze in einer kleinen Schüssel gut vermischen. Werfen Sie das Huhn in den Slow Cooker, gefolgt von den restlichen Zutaten, einschließlich der Gewürzmischung. Rühren, bis alles gut mit den Gewürzen vermischt ist.

4-5 Stunden bei schwacher Hitze garen. Mit Naan oder italienischem Brot servieren.

Ernährung (pro 100 Gramm): 345 Kalorien 9,9 g Fett 10 g Kohlenhydrate 53,7 g Protein 715 mg Natrium

Hähnchen Cacciatore mit Orzo

Zubereitungszeit: 20 Minuten.

Kochzeit: 4 Stunden.

Portionen: 6

Schwierigkeitsgrad: Einfach

Zutaten:

- 2 Kilo Hähnchenschenkel mit Haut
- 1 Esslöffel Olivenöl
- 1 Tasse Champignons, geviertelt
- 3 Karotten, fein gehackt
- 1 kleines Glas Kalamata-Oliven
- 2 Dosen (14 Unzen) gewürfelte Tomaten
- 1 kleine Dose Tomatenmark
- 1 Tasse Rotwein
- 5 Knoblauchzehen
- 1 Tasse Orzo

Titel:

Das Olivenöl in einer großen Pfanne erhitzen. Wenn das Öl heiß ist, das Hähnchen mit der Hautseite nach unten hinzugeben und braten, bis es braun ist. Achten Sie darauf, dass sich die Hähnchenteile nicht berühren.

Wenn das Huhn gebräunt ist, geben Sie es mit allen Zutaten außer dem Orzo in den Slow Cooker. Lassen Sie das Huhn 2 Stunden köcheln, fügen Sie dann den Orzo hinzu und kochen Sie weitere 2 Stunden. Mit knusprigem französischem Brot servieren.

Ernährung (pro 100 Gramm): 424 Kalorien 16 g Fett 10 g Kohlenhydrate 11 g Protein 845 mg Natrium

Langsam gegarter provenzalischer Daube

Zubereitungszeit: 15 Minuten.

Kochzeit: 8 Stunden.

Portionen: 8

Schwierigkeitsgrad: mittel

Zutaten:

- 1 Esslöffel Olivenöl
- 10 gehackte Knoblauchzehen
- 2 Kilo Braten ohne Knochen
- 1½ Teelöffel Salz, geteilt
- ½ Teelöffel frisch gemahlener schwarzer Pfeffer
- 1 Tasse trockener Rotwein
- 2 Tassen gehackte Karotten
- 1½ Tassen gehackte Zwiebel
- ½ Tasse Rinderbrühe
- 1 Dose (14 Unzen) gewürfelte Tomaten
- 1 Esslöffel Tomatenpüree
- 1 Teelöffel gehackter frischer Rosmarin
- 1 Teelöffel gehackter frischer Thymian
- ½ Teelöffel Orangenschale
- ½ Teelöffel gemahlener Zimt
- ¼ Teelöffel gemahlene Nelken
- 1 Lorbeerblatt

Titel:

Eine Pfanne vorheizen, dann das Olivenöl hinzufügen. Fügen Sie den gehackten Knoblauch und die Zwiebel hinzu und kochen Sie, bis die Zwiebel weich wird und der Knoblauch zu bräunen beginnt.

Die Fleischwürfel dazugeben, mit Salz und Pfeffer würzen und braten, bis das Fleisch gebräunt ist. Übertragen Sie das Fleisch in den Slow Cooker. Rühren Sie die Rinderbrühe in die Pfanne und kochen Sie sie etwa 3 Minuten lang, um die Pfanne zu bräunen, und gießen Sie sie dann in den Slow Cooker über das Rindfleisch.

Die restlichen Zutaten in den Slow Cooker geben und gut vermischen. Stellen Sie den Schongarer auf niedrig und kochen Sie 8 Stunden lang oder auf hoch und kochen Sie 4 Stunden lang. Mit Eiernudeln, Reis oder knusprigem italienischem Brot servieren.

Ernährung (pro 100 Gramm): 547 Kalorien 30,5 g Fett 22 g Kohlenhydrate 45,2 g Protein 809 mg Natrium

Bär Bucco

Zubereitungszeit: 30 Minuten.

Kochzeit: 8 Stunden.

Portionen: 3

Schwierigkeitsgrad: mittel

Zutaten:

- 4 Rinder- oder Kalbskeulen
- 1 Teelöffel Meersalz
- ½ Teelöffel gemahlener schwarzer Pfeffer
- 3 Esslöffel Vollkornmehl
- 1-2 Esslöffel Olivenöl
- 2 mittelgroße Zwiebeln, gewürfelt
- 2 mittelgroße Karotten, gewürfelt
- 2 Stangen Sellerie, gewürfelt
- 4 Knoblauchzehen, gehackt
- 1 Dose (14 Unzen) gewürfelte Tomaten
- 2 Teelöffel getrocknete Thymianblätter
- ½ Tasse Rinder- oder Gemüsebrühe

Titel:

Die Keulen auf beiden Seiten würzen, dann in Mehl tauchen, um sie zu bestreichen. Eine große Bratpfanne bei starker Hitze erhitzen. Fügen Sie das Olivenöl hinzu. Wenn das Öl heiß ist, fügen Sie die Keulen hinzu und braten Sie sie gleichmäßig auf beiden Seiten. Wenn sie goldbraun sind, in den Slow Cooker geben.

Die Brühe in die Pfanne gießen und unter Rühren 3-5 Minuten kochen, sodass die Pfanne rot wird. Geben Sie die anderen Zutaten in den Slow Cooker und gießen Sie die Brühe aus der Pfanne darüber.

Stellen Sie den Slow Cooker auf niedrig und kochen Sie 8 Stunden lang. Osso Bucco wird über Quinoa, Naturreis oder sogar Blumenkohlreis serviert.

Ernährung (pro 100 Gramm): 589 Kalorien 21,3 g Fett 15 g Kohlenhydrate 74,7 g Protein 893 mg Natrium

Slow Cooker Rindfleisch Bourguignon

Zubereitungszeit: 5 Minuten.

Kochzeit: 8 Stunden.

Portionen: 8

Schwierigkeitsgrad: Schwierig

Zutaten:

- 1 Esslöffel natives Olivenöl extra
- 6 Unzen Speck, grob gehackt
- 3 Pfund magere Rinderbrust, in 2-Zoll-Würfel geschnitten
- 1 große Karotte, in Scheiben geschnitten
- 1 große weiße Zwiebel, gewürfelt
- 6 Knoblauchzehen, gehackt und geteilt
- ½ Teelöffel grobes Salz
- ½ Teelöffel frisch gemahlener Pfeffer
- 2 Esslöffel Vollkorn
- 12 kleine Zwiebeln
- 3 Tassen Rotwein (Merlot, Pinot Noir oder Chianti)
- 2 Tassen Rinderbrühe
- 2 Esslöffel Tomatenmark
- 1 Rinderbrühwürfel, zerdrückt
- 1 Teelöffel frischer Thymian, gehackt
- 2 Esslöffel frische Petersilie
- 2 Lorbeerblätter
- 2 Esslöffel Butter oder 1 Esslöffel Olivenöl

- 1 Kilo frische kleine weiße oder braune Champignons geviertelt

Titel:

Eine Pfanne bei mittlerer Hitze erhitzen und das Olivenöl hinzufügen. Wenn das Öl heiß ist, braten Sie den Speck knusprig und geben Sie ihn dann in Ihren Slow Cooker. Das Speckfett in die Pfanne geben.

Das Fleisch trocken tupfen und in derselben Pfanne mit dem Speckfett anbraten, bis alle Seiten gleichmäßig gebräunt sind. Transfer zu einem langsamen Kocher.

Zwiebel und Karotte in einen Slow Cooker geben und mit Salz und Pfeffer würzen. Mischen Sie die Zutaten und stellen Sie sicher, dass alles gewürzt ist.

Den Rotwein in die Pfanne gießen und 4-5 Minuten köcheln lassen, sodass die Pfanne rot wird, dann das Mehl hinzugeben und glatt rühren. Weiter kochen, bis die Flüssigkeit reduziert und leicht eingedickt ist.

Wenn die Flüssigkeit eingedickt ist, gießen Sie sie in den Slow Cooker und rühren Sie um, um alles mit der Weinmischung zu überziehen. Das Tomatenpüree, den Brühwürfel, den Thymian, die Petersilie, die 4 Knoblauchzehen und das Lorbeerblatt hinzugeben. Stellen Sie den Slow Cooker auf High und kochen Sie 6 Stunden lang oder auf Low und kochen Sie 8 Stunden lang.

Die Butter einweichen oder das Olivenöl in einer Pfanne bei mittlerer Hitze erhitzen. Wenn das Öl heiß ist, fügen Sie die restlichen 2 Knoblauchzehen hinzu und kochen Sie es etwa 1 Minute lang, bevor Sie die Pilze hinzufügen. Kochen Sie die Pilze bis sie weich sind, geben Sie sie dann in den Schongarer und rühren Sie um.

Mit Kartoffelpüree, Reis oder Nudeln servieren.

Ernährung (pro 100 Gramm): 672 Kalorien 32 g Fett 15 g Kohlenhydrate 56 g Protein 693 mg Natrium

Balsamico-Kalb

Zubereitungszeit: 5 Minuten.

Kochzeit: 8 Stunden.

Portionen: 10

Schwierigkeitsgrad: mittel

Zutaten:

- 2 Kilo Braten ohne Knochen
- 1 Esslöffel Olivenöl
- Reiben
- 1 Teelöffel Knoblauchpulver
- ½ Teelöffel Zwiebelpulver
- 1 Teelöffel Meersalz
- ½ Teelöffel frisch gemahlener schwarzer Pfeffer
- TAUCHEN
- ½ Tasse Balsamico-Essig
- 2 Esslöffel Honig
- 1 Esslöffel Senf und Honig
- 1 Tasse Rinderbrühe
- 1 Esslöffel Tapioka, Vollkornmehl oder Maisstärke (zum Andicken der Sauce, wenn nötig)

Titel:

Fügen Sie alle Zutaten für die Massage hinzu.

In einer separaten Schüssel Balsamico-Essig, Honig, Honigsenf und Rinderbrühe mischen. Den Braten mit Olivenöl bepinseln, dann die Gewürze aus der streichfähigen Masse hineinreiben. Legen Sie den Braten in einen langsamen Kocher und gießen Sie dann die Sauce darüber. Stellen Sie den Slow Cooker auf niedrig und kochen Sie 8 Stunden lang.

Wenn Sie die Bratensoße eindicken möchten, geben Sie sie aus dem Slow Cooker in eine Schüssel. Dann die Flüssigkeit in einen Topf gießen und auf dem Herd zum Kochen bringen. Das Mehl glatt rühren und köcheln lassen, bis die Sauce eindickt.

Ernährung (pro 100 Gramm): 306 Kalorien 19 g Fett 13 g Kohlenhydrate 25 g Protein 823 mg Natrium

Roastbeef

Zubereitungszeit: 20 Minuten.

Kochzeit: 5 Stunden.

Portionen: 8

Schwierigkeitsgrad: mittel

Zutaten:

- 2 Esslöffel Olivenöl
- Salz Pfeffer
- 3 Kilo Roastbeef ohne Knochen, gebunden
- 4 mittelgroße Karotten, geschält
- 2 Pastinaken, geschält und halbiert
- 2 weiße Kohlrabi, geschält und geviertelt
- 10 geschälte Knoblauchzehen
- 2 Zweige frischer Thymian
- 1 Orange gewaschen und gerieben
- 1 Tasse Hühner- oder Rinderbrühe

Titel:

Eine große Pfanne bei mittlerer Hitze erhitzen. Roastbeef mit Olivenöl einreiben, dann mit Salz und Pfeffer würzen. Wenn die Pfanne heiß ist, das Roastbeef dazugeben und von allen Seiten anbraten. Das dauert ungefähr 3 Minuten pro Seite, aber dieser Vorgang versiegelt den Saft und macht das Fleisch saftig.

Wenn es gekocht ist, legen Sie es in den Slow Cooker. Karotten, Pastinaken, Rüben und Knoblauch in einer Pfanne schwenken. Rühren und kochen Sie etwa 5 Minuten lang, aber nicht ganz durch, nur um einige braune Stückchen vom Rindfleisch zu bekommen und Farbe hinzuzufügen.

Übertragen Sie das Gemüse in den Schongarer und arrangieren Sie es um das Fleisch herum. Die Oberseite des Bratens mit Thymian und Orangenschale bestreichen. Die Orange halbieren und den Saft über das Fleisch auspressen. Die Hühnerbrühe hinzugeben und den Braten 5 Stunden köcheln lassen.

Ernährung (pro 100 Gramm): 426 Kalorien 12,8 g Fett 10 g Kohlenhydrate 48,8 g Protein 822 mg Natrium

Reis und mediterrane Wurst

Zubereitungszeit: 15 Minuten.

Kochzeit: 8 Stunden.

Portionen: 6

Schwierigkeitsgrad: mittel

Zutaten:

- 1½ Kilo italienische Wurst, zerkrümelt
- 1 mittelgroße rote Zwiebel fein gehackt
- 2 Esslöffel Steaksauce
- 2 Tassen Langkornreis, ungekocht
- 1 Dose (14 Unzen) gewürfelte Tomaten mit Saft
- ½ Tasse Wasser
- 1 mittelgroße grüne Paprika, gewürfelt

Titel:

Besprühe deinen Schongarer mit Olivenöl oder Antihaft-Kochspray. Wurst, Zwiebel und Steaksauce in den Slow Cooker geben. Lassen Sie es 8-10 Stunden bei schwacher Hitze.

Nach 8 Stunden den Reis, die Tomaten, das Wasser und den grünen Pfeffer hinzufügen. Gut mischen. Weitere 20-25 Minuten garen.

Ernährung (pro 100 Gramm): 650 Kalorien 36 g Fett 11 g Kohlenhydrate 22 g Protein 633 mg Natrium

Spanische Fleischbällchen

Zubereitungszeit: 20 Minuten.

Kochzeit: 5 Stunden.

Portionen: 6

Schwierigkeitsgrad: Schwierig

Zutaten:

- 1 Kilo Putenhackfleisch
- 1 Kilo Hackfleisch
- 2 Eier
- 1 Dose (20 Unzen) gewürfelte Tomaten
- ¾ Tasse gehackte süße Zwiebel, geteilt
- ¼ Tasse plus 1 Esslöffel Semmelbrösel
- 3 Esslöffel gehackte frische Petersilie
- 1½ Teelöffel Kreuzkümmel
- 1½ Teelöffel Paprika (süß oder scharf)

Titel:

Besprühe den Slow Cooker mit Olivenöl.

Hackfleisch, Eier, etwa die Hälfte der Zwiebel, Semmelbrösel und Gewürze in einer Schüssel mischen.

Waschen Sie Ihre Hände und mischen Sie, bis alles gut vermischt ist. Mischen Sie nicht zu viel, da dies die Fleischbällchen zäh macht. Wir formen Fleischbällchen. Die Größe der Stücke, die Sie herstellen, bestimmt offensichtlich die Anzahl der Fleischbällchen.

2 Esslöffel Olivenöl in einer Pfanne bei mittlerer Hitze erhitzen. Wenn es heiß ist, die Fleischbällchen mischen und von allen Seiten anbraten. Darauf achten, dass sich die Kugeln nicht berühren, damit sie gleichmäßig braun werden. Wenn Sie fertig sind, geben Sie sie in den Slow Cooker.

Die restlichen Zwiebeln und Tomaten in die Pfanne geben und einige Minuten kochen lassen, dabei alle braunen Stücke von den Fleischbällchen für den Geschmack abkratzen. Die Tomaten zu den Fleischbällchen im Slow Cooker geben und 5 Stunden köcheln lassen.

Ernährung (pro 100 Gramm): 372 Kalorien 21,7 g Fett 15 g Kohlenhydrate 28,6 Protein 772 mg Natrium

Blumenkohlsteak mit Oliven- und Zitrussauce

Zubereitungszeit: 15 Minuten.

Zeit zu Kochen: 30 Minuten

Portionen: 4

Schwierigkeitsgrad: mittel

Zutaten:

- 1 oder 2 große Blumenkohlköpfe
- 1/3 Tasse natives Olivenöl extra
- ¼ Teelöffel koscheres Salz
- 1/8 Teelöffel gemahlener schwarzer Pfeffer
- Saft von 1 Orange
- Schale von 1 Orange
- ¼ Tasse schwarze Oliven, entsteint und gehackt
- 1 Esslöffel Dijon oder körniger Senf
- 1 Esslöffel Rotweinessig
- ½ Teelöffel gemahlener Koriander

Titel:

Ofen auf 400°F vorheizen. Backpapier oder Folie auf das Blech legen. Schneiden Sie den Stiel des Blumenkohls so ab, dass er aufrecht steht. Senkrecht in vier dicke Blätter schneiden. Den Blumenkohl auf das vorbereitete Backblech legen. Mit Olivenöl, Salz und schwarzem Pfeffer beträufeln. Etwa 30 Minuten backen.

In einer mittelgroßen Schüssel Orangensaft, Orangenschale, Oliven, Senf, Essig und Koriander vermischen; gut mischen. Mit der Soße servieren.

Ernährung (pro 100 Gramm): 265 Kalorien 21 g Fett 4 g Kohlenhydrate 5 g Protein 693 mg Natrium

Pesto-Nudeln mit Pistazien und Minze

Zubereitungszeit: 10 Minuten.

Zeit zu Kochen: 10 Minuten

Portionen: 4

Schwierigkeitsgrad: mittel

Zutaten:

- 8 Unzen Vollkornnudeln
- 1 Tasse frische Minze
- ½ Tasse frisches Basilikum
- 1/3 Tasse ungesalzene Pistazien in ihren Schalen
- 1 geschälte Knoblauchzehe
- ½ Teelöffel koscheres Salz
- Saft von ½ Limette
- 1/3 Tasse natives Olivenöl extra

Titel:

Die Nudeln nach Packungsanweisung kochen. Abgießen, mit einer halben Tasse Nudelwasser bedecken und beiseite stellen. In einer Küchenmaschine Minze, Basilikum, Pistazien, Knoblauch, Salz und Limettensaft hinzufügen. So lange verarbeiten, bis die Pistazien fein gemahlen sind. Fügen Sie das Olivenöl in einem langsamen, stetigen Strahl hinzu und verarbeiten Sie es, bis es sich vereint hat.

In einer großen Schüssel die Nudeln mit dem Pistazienpesto mischen. Wenn Sie eine dünnere, würzigere Textur wünschen, fügen Sie etwas Nudelwasser hinzu und mischen Sie gut.

Ernährung (pro 100 Gramm): 420 Kalorien 3 g Fett 2 g Kohlenhydrate 11 g Protein 593 mg Natrium

Kirschtomatensauce mit Engelshaarnudeln

Zubereitungszeit: 10 Minuten.

Zeit zu Kochen: 20 Minuten

Portionen: 4

Schwierigkeitsgrad: mittel

Zutaten:

- 8 Unzen Engelshaarpasta
- 2 Esslöffel natives Olivenöl extra
- 3 Knoblauchzehen fein gehackt
- 3 Pints Kirschtomaten
- ½ Teelöffel koscheres Salz
- ¼ Teelöffel rote Paprikaflocken
- ¾ Tasse frischer Basilikum, gehackt
- 1 Esslöffel weißer Balsamico-Essig (optional)
- ¼ Tasse geriebener Parmesankäse (optional)

Titel:

Die Nudeln nach Packungsanweisung kochen. Abgießen und aufbewahren.

Das Olivenöl in einer Pfanne oder großen Pfanne bei mittlerer bis hoher Hitze erhitzen. Fügen Sie den Knoblauch hinzu und braten Sie ihn 30 Sekunden lang an. Tomaten, Salz und Paprikaflocken hinzufügen und unter gelegentlichem Rühren etwa 15 Minuten kochen, bis die Tomaten zerfallen.

Vom Herd nehmen und Nudeln und Basilikum hinzufügen. Gut mischen. (Für Tomaten außerhalb der Saison fügen Sie bei Bedarf Essig hinzu und mischen Sie gut.) Servieren.

Ernährung (pro 100 Gramm): 305 Kalorien 8 g Fett 3 g Kohlenhydrate 11 g Protein 559 mg Natrium

Gebratener Tofu mit getrockneten Tomaten und Artischocken

Zubereitungszeit: 30 Minuten.

Zeit zu Kochen: 30 Minuten

Portionen: 4

Schwierigkeitsgrad: mittel

Zutaten:

- 1 Packung (16 Unzen) extra fester Tofu, in 2,5 cm große Würfel geschnitten
- 2 Esslöffel natives Olivenöl extra, geteilt
- 2 Esslöffel Zitronensaft, geteilt
- 1 Esslöffel natriumarme Sojasauce
- 1 Zwiebel gewürfelt
- ½ Teelöffel koscheres Salz
- 2 Knoblauchzehen, fein gehackt
- 1 Dose (14 oz.) Artischockenherzen, abgetropft
- 8 getrocknete Tomaten
- ¼ Teelöffel frisch gemahlener schwarzer Pfeffer
- 1 Esslöffel Weißweinessig
- Schale von 1 Zitrone
- ¼ Tasse gehackte frische Petersilie

Titel:

Ofen auf 400°F vorheizen. Folie oder Backpapier auf das Blech legen. Mischen Sie in einer Schüssel Tofu, 1 Esslöffel Olivenöl, 1 Esslöffel Zitronensaft und Sojasauce. 15-30 Minuten stehen lassen und marinieren. Den Tofu in einer Schicht auf das vorbereitete Backblech legen und 20 Minuten backen, dabei einmal wenden, bis er leicht gebräunt ist.

Den restlichen 1 Esslöffel Olivenöl in einer großen Pfanne bei mittlerer Hitze erhitzen oder anbraten. Zwiebel und Salz hinzufügen; köcheln lassen, bis sie durchscheinend sind, 5-6 Minuten. Fügen Sie den Knoblauch hinzu und braten Sie ihn 30 Sekunden lang an. Dann die Artischockenherzen, die sonnengetrockneten Tomaten und den schwarzen Pfeffer hinzugeben und 5 Minuten braten. Den Weißweinessig und den restlichen Esslöffel Zitronensaft hinzufügen, dann die Pfanne abtropfen lassen und die braunen Stücke herauskratzen. Den Topf vom Herd nehmen und die Zitronenschale und die Petersilie hinzugeben. Den gebratenen Tofu vorsichtig unterrühren.

Ernährung (pro 100 Gramm): 230 Kalorien 14 g Fett 5 g Kohlenhydrate 14 g Protein 593 mg Natrium

Gebackener mediterraner Tempeh mit Tomaten und Knoblauch

Vorbereitungszeit: 25 Minuten, plus 4 Stunden zum Marinieren

Zeit zu Kochen: 35 Minuten

Portionen: 4

Schwierigkeitsgrad: Schwierig

Zutaten:

- <u>für Tempe</u>
- 12 Unzen Tempeh
- ¼ Tasse Weißwein
- 2 Esslöffel natives Olivenöl extra
- 2 Esslöffel Zitronensaft
- Schale von 1 Zitrone
- ¼ Teelöffel koscheres Salz
- ¼ Teelöffel frisch gemahlener schwarzer Pfeffer
- <u>Für die Tomaten-Knoblauch-Sauce</u>
- 1 Esslöffel natives Olivenöl extra
- 1 Zwiebel gewürfelt
- 3 Knoblauchzehen fein gehackt
- 1 Dose (14,5 Unzen) ungesalzene, zerkleinerte Tomaten
- 1 Fleischtomate, gewürfelt
- 1 getrocknetes Lorbeerblatt
- 1 Teelöffel Weißweinessig

- 1 Teelöffel Zitronensaft.
- 1 Teelöffel getrockneter Oregano
- 1 Teelöffel getrockneter Thymian
- ¾ Teelöffel koscheres Salz
- ¼ Tasse Basilikum, in Streifen geschnitten

Titel:

Um den Tempeh zu machen

Den Tempeh in eine mittelgroße Pfanne geben. Fügen Sie genug Wasser hinzu, um 1-2 Zoll zu bedecken. Bei mittlerer Hitze zum Kochen bringen, abdecken und bei schwacher Hitze köcheln lassen. 10-15 Minuten kochen. Tempeh herausnehmen, trocken tupfen, abkühlen lassen und in 1-Zoll-Würfel schneiden.

Weißwein, Olivenöl, Zitronensaft, Zitronenschale, Salz und schwarzen Pfeffer mischen. Fügen Sie das Tempeh hinzu, decken Sie die Schüssel ab und stellen Sie es für 4 Stunden oder über Nacht in den Kühlschrank. Ofen auf 375°F vorheizen. Den marinierten Tempeh und die Marinade in eine Auflaufform geben und 15 Minuten backen.

Zur Zubereitung der Tomaten-Knoblauch-Sauce

Das Olivenöl in einer großen Pfanne bei mittlerer Hitze erhitzen. Die Zwiebel hinzufügen und in 3-5 Minuten glasig dünsten. Fügen Sie den Knoblauch hinzu und braten Sie ihn 30 Sekunden lang an. Die passierten Tomaten, Fleischtomaten, Lorbeerblätter, Essig,

Zitronensaft, Oregano, Thymian und Salz hinzufügen. Gut mischen. 15 Minuten bei schwacher Hitze garen.

Das frittierte Tempeh zur Tomatenmischung geben und vorsichtig mischen. Mit Basilikum garnieren.

ERSATZTIPP: Wenn Sie kein Tempeh haben oder nur den Kochvorgang beschleunigen möchten, können Sie anstelle des Tempehs eine 14,5-Unzen-Dose weiße Bohnen verwenden. Die Bohnen waschen und mit den passierten Tomaten in die Sauce geben. Ein tolles veganes Hauptgericht in der Hälfte der Zeit!

Ernährung (pro 100 Gramm): 330 Kalorien 20 g Fett 4 g Kohlenhydrate 18 g Protein 693 mg Natrium

Gebratene Portobello-Pilze mit Grünkohl und roten Zwiebeln

Zubereitungszeit: 30 Minuten.

Zeit zu Kochen: 30 Minuten

Portionen: 4

Schwierigkeitsgrad: Schwierig

Zutaten:

- ¼ Tasse Weißweinessig
- 3 Esslöffel natives Olivenöl extra, geteilt
- ½ Teelöffel Honig
- ¾ Teelöffel koscheres Salz, geteilt
- ¼ Teelöffel frisch gemahlener schwarzer Pfeffer
- 4 große Portobello-Pilze, Stiele entfernt
- 1 rote Zwiebel, geschrumpft
- 2 Knoblauchzehen, fein gehackt
- 1 Bund (8 Unzen) Grünkohl, entstielt und gehackt
- ¼ Teelöffel rote Paprikaflocken
- ¼ Tasse geriebener Parmesan oder Romano-Käse

Titel:

Backpapier oder Alufolie auf das Blech legen. In einer mittelgroßen Schüssel Essig, 1 ½ Esslöffel Olivenöl, Honig, ¼ Teelöffel Salz und schwarzen Pfeffer verquirlen. Die Champignons auf das Blech legen und die Marinade darüber gießen. 15-30 Minuten marinieren lassen.

In der Zwischenzeit den Ofen auf 400 ° F vorheizen. Backen Sie die Pilze 20 Minuten lang und wenden Sie sie nach der Hälfte der Zeit. Die restlichen 1½ Esslöffel Olivenöl in einer großen Pfanne erhitzen oder bei mittlerer Hitze anbraten. Die Zwiebel und den restlichen ½ Teelöffel Salz hinzufügen und in 5-6 Minuten goldbraun braten. Fügen Sie den Knoblauch hinzu und braten Sie ihn 30 Sekunden lang an. Rühren Sie den Grünkohl und die Paprikaflocken ein und braten Sie, bis der Grünkohl durchgegart ist, etwa 5 Minuten.

Nimm die Pilze aus dem Ofen und erhöhe die Hitze, um sie zu garen. Gießen Sie vorsichtig Flüssigkeit aus der Pfanne in die Pfanne mit der Grünkohlmischung; gut mischen. Drehen Sie den Pilz so, dass der Stiel nach oben zeigt. Gießen Sie ein wenig von der Grünkohlmischung auf jeden Pilz. Je 1 EL Parmesan darüberstreuen. Grillen, bis sie goldbraun sind.

Ernährung (pro 100 Gramm): 200 Kalorien 13 g Fett 4 g Kohlenhydrate 8 g Protein

Balsamico-marinierter Tofu mit Basilikum und Oregano

Vorbereitungszeit: 40 Minuten.

Zeit zu Kochen: 30 Minuten

Portionen: 4

Schwierigkeitsgrad: mittel

Zutaten:

- ¼ Tasse natives Olivenöl extra
- ¼ Tasse Balsamico-Essig
- 2 Esslöffel natriumarme Sojasauce
- 3 Knoblauchzehen, gerieben
- 2 Teelöffel reiner Ahornsirup
- Schale von 1 Zitrone
- 1 Teelöffel getrocknetes Basilikum
- 1 Teelöffel getrockneter Oregano
- ½ Teelöffel getrockneter Thymian
- ½ Teelöffel getrockneter Salbei
- ¼ Teelöffel koscheres Salz
- ¼ Teelöffel frisch gemahlener schwarzer Pfeffer
- ¼ Teelöffel Paprikaflocken (optional)
- 1 Block (16 Unzen) extra fester Tofu

Titel:

Mischen Sie in einer gallonengroßen Schüssel oder einem Druckverschlussbeutel Olivenöl, Essig, Sojasauce, Knoblauch, Ahornsirup, Zitronenschale, Basilikum, Oregano, Thymian, Salbei, Salz, schwarzen Pfeffer und rote Pfefferflocken, falls erforderlich. Den Tofu hinzugeben und vorsichtig mischen. Legen Sie es in den Kühlschrank und marinieren Sie es für 30 Minuten oder bei Bedarf sogar über Nacht.

Ofen auf 425 ° F vorbereiten. Backpapier oder Folie auf das Blech legen. Legen Sie den marinierten Tofu in einer einzigen Schicht in die vorbereitete Pfanne. 20-30 Minuten backen, dabei nach der Hälfte der Zeit wenden, bis sie leicht knusprig sind.

Ernährung (pro 100 Gramm): 225 Kalorien 16 g Fett 2 g Kohlenhydrate 13 g Protein 493 mg Natrium

Zucchini gefüllt mit Ricotta, Basilikum und Pistazien

Zubereitungszeit: 15 Minuten.

Zeit zu Kochen: 25 Minuten

Portionen: 4

Schwierigkeitsgrad: mittel

Zutaten:

- 2 mittelgroße Zucchini, längs halbieren
- 1 Esslöffel natives Olivenöl extra
- 1 Zwiebel gewürfelt
- 1 Teelöffel koscheres Salz
- 2 Knoblauchzehen, fein gehackt
- ¾ Tasse Ricotta-Käse
- ¼ Tasse ungesalzene Pistazien, geschält und gehackt
- ¼ Tasse gehackter frischer Basilikum
- 1 großes Ei, geschlagen
- ¼ Teelöffel frisch gemahlener schwarzer Pfeffer

Titel:

Heizen Sie den Ofen auf 425 ° F vor. Legen Sie Pergamentpapier oder Aluminiumfolie auf ein Backblech. Schneiden Sie die Samen/das Fruchtfleisch aus der Zucchini und lassen Sie ¼ Zoll Fleisch an den Rändern. Legen Sie das Fruchtfleisch auf ein Schneidebrett und schneiden Sie das Fruchtfleisch.

Das Olivenöl in einer Pfanne bei mittlerer Hitze erhitzen. Zwiebel, Fruchtfleisch und Salz dazugeben und ca. 5 Minuten braten. Fügen Sie den Knoblauch hinzu und braten Sie ihn 30 Sekunden lang an. Ricotta, Pistazien, Basilikum, Ei und schwarzen Pfeffer mischen. Die Zwiebelmischung zugeben und gut vermischen.

Die Hälfte der 4 Zucchini in der vorbereiteten Pfanne anrichten. Die Hälfte der Zucchini mit der Ricotta-Mischung bestreichen. Backen, bis sie golden sind.

Ernährung (pro 100 Gramm): 200 Kalorien 12 g Fett 3 g Kohlenhydrate 11 g Protein 836 mg Natrium

Farro mit gebratenen Tomaten und Pilzen

Zubereitungszeit: 20 Minuten.

Kochzeit: 1 Stunde.

Portionen: 4

Schwierigkeitsgrad: Schwierig

Zutaten:

- zur Tomate
- 2 Pints Kirschtomaten
- 1 Teelöffel natives Olivenöl extra
- ¼ Teelöffel koscheres Salz
- zum Leuchtturm
- 3-4 Tassen Wasser
- ½ Tasse Dinkel
- ¼ Teelöffel koscheres Salz
- zum Pilz
- 2 Esslöffel natives Olivenöl extra
- 1 Kopf rote Zwiebel
- ½ Teelöffel koscheres Salz
- ¼ Teelöffel frisch gemahlener schwarzer Pfeffer
- 10 Unzen Babypilze, gestielt und in dünne Scheiben geschnitten
- ½ Tasse Gemüsebrühe ohne Zusatz von Salz
- 1 Dose (15 oz.) natriumarme Cannellini-Bohnen, abgetropft und gespült

- 1 Tasse Babyspinat
- 2 Esslöffel frisches Basilikum in Streifen geschnitten
- ¼ Tasse geröstete Pinienkerne
- gereifter Balsamico-Essig (optional)

Titel:

Um die Tomaten zuzubereiten

Ofen auf 400°F vorheizen. Backpapier oder Folie auf das Blech legen. Tomaten, Olivenöl und Salz in der Auflaufform mischen und 30 Minuten backen.

dass der farro

Wasser, Farro und Salz in einem mittelgroßen Topf oder Topf bei starker Hitze zum Kochen bringen. Zum Kochen bringen und 30 Minuten kochen lassen oder bis der Farro al dente ist. Abgießen und aufbewahren.

um den Pilz zuzubereiten

Das Olivenöl in einer großen Pfanne erhitzen oder bei mittlerer Hitze anbraten. Zwiebel, Salz und schwarzen Pfeffer hinzugeben und ca. 15 Minuten braten, bis sie goldbraun sind und zu karamellisieren beginnen. Die Pilze hinzugeben, die Hitze auf mittlere Stufe erhöhen und etwa 10 Minuten köcheln lassen, bis die Flüssigkeit verdampft und die Pilze gebräunt sind. Fügen Sie die Gemüsebrühe hinzu und reduzieren Sie die Hitze auf ein Minimum, kratzen Sie die braunen Stücke ab und reduzieren Sie die Flüssigkeit für etwa 5 Minuten. Bohnen zugeben und etwa 3 Minuten erhitzen.

Spinat, Basilikum, Pinienkerne, geröstete Tomaten und Dinkel entfernen und hinzufügen. Nach Belieben mit Balsamico-Essig beträufeln.

Ernährung (pro 100 Gramm): 375 Kalorien 15 g Fett 10 g Kohlenhydrate 14 g Protein 769 mg Natrium

Gebratener Orzo mit Auberginen, Mangold und Mozzarella

Zubereitungszeit: 20 Minuten.

Zeit zu Kochen: 60 Minuten

Portionen: 4

Schwierigkeitsgrad: mittel

Zutaten:

- 2 Esslöffel natives Olivenöl extra
- 1 große Aubergine (1 Pfund), gewürfelt
- 2 Karotten, geschält und in kleine Würfel geschnitten
- 2 Stangen Sellerie, in kleine Würfel geschnitten
- 1 rote Zwiebel in kleine Würfel geschnitten
- ½ Teelöffel koscheres Salz
- 3 Knoblauchzehen fein gehackt
- ¼ Teelöffel frisch gemahlener schwarzer Pfeffer
- 1 Tasse Vollkorn-Orzo
- 1 Teelöffel Tomatenpüree ohne Salz hinzugefügt
- 1½ Tassen ungesalzene Gemüsebrühe
- 1 Tasse Schweizer Mangold, entstielt und gehackt
- 2 Esslöffel gehackter frischer Oregano
- Schale von 1 Zitrone
- 4 Unzen Mozzarella-Käse, in kleine Würfel geschnitten
- ¼ Tasse geriebener Parmesankäse
- 2 Tomaten, in Scheiben geschnitten halben Zoll dick

Titel:

Ofen auf 400°F vorheizen. Das Olivenöl in einer großen, ofenfesten Pfanne bei mittlerer Hitze erhitzen. Aubergine, Karotte, Sellerie, Zwiebel und Salz hinzugeben und etwa 10 Minuten anbraten. Fügen Sie den Knoblauch und den schwarzen Pfeffer hinzu und kochen Sie etwa 30 Sekunden lang. Orzo und Tomatenmark dazugeben und 1 Minute braten. Die Gemüsesuppe einrühren und die Hitze in der Pfanne herunterdrehen, um die braunen Stücke abzukratzen. Mangold, Oregano und Zitronenschale hinzugeben und umrühren, bis der Mangold zusammenfällt.

Nehmen Sie es heraus und legen Sie den Mozzarella-Käse darauf. Glätten Sie die Oberseite der Orzo-Mischung, bis sie flach ist. Parmesankäse darüber streuen. Die Tomaten in einer einzigen Schicht auf dem Parmesankäse verteilen. 45 Minuten backen.

Ernährung (pro 100 Gramm): 470 Kalorien 17 g Fett 7 g Kohlenhydrate 18 g Protein 769 mg Natrium

Gerstenrisotto mit Tomaten

Zubereitungszeit: 20 Minuten.

Zeit zu Kochen: 45 Minuten

Portionen: 4

Schwierigkeitsgrad: mittel

Zutaten:

- 2 Esslöffel natives Olivenöl extra
- 2 Stangen Sellerie, gewürfelt
- ½ Tasse Schalotten, gewürfelt
- 4 Knoblauchzehen, gehackt
- 3 Tassen ungesalzene Gemüsesuppe
- 1 Dose (14,5 Unzen) ungesalzene Tomatenwürfel
- 1 Dose (14,5 Unzen) ungesalzene, zerkleinerte Tomaten
- 1 Tasse Graupen
- Schale von 1 Zitrone
- 1 Teelöffel koscheres Salz
- ½ Teelöffel geräucherter Paprika
- ¼ Teelöffel rote Paprikaflocken
- ¼ Teelöffel frisch gemahlener schwarzer Pfeffer
- 4 Zweige Thymian
- 1 getrocknetes Lorbeerblatt
- 2 Tassen Babyspinat
- ½ Tasse zerbröckelter Feta-Käse
- 1 Esslöffel gehackter frischer Oregano

- 1 Esslöffel geröstete Fenchelsamen (optional)

Titel:

Das Olivenöl in einer großen Pfanne bei mittlerer Hitze erhitzen. Sellerie und Schalotten dazugeben und ca. 4-5 Minuten dünsten. Fügen Sie den Knoblauch hinzu und braten Sie ihn 30 Sekunden lang an. Gemüsebrühe, Tomatenwürfel, passierte Tomaten, Gerste, Zitronenschale, Salz, Paprikapulver, Paprikaflocken, schwarzen Pfeffer, Thymian und Lorbeerblätter hinzugeben und gut vermischen. Zum Kochen bringen, dann die Hitze reduzieren und köcheln lassen. 40 Minuten garen, gelegentlich umrühren.

Lorbeerblätter und Thymian entfernen. Fügen Sie den Spinat hinzu. In einer kleinen Schüssel Feta-Käse, Oregano und Fenchelsamen mischen. Das Gerstenrisotto wird in Schalen serviert, die mit Feta-Käse-Mischung bestrichen sind.

Ernährung (pro 100 Gramm): 375 Kalorien 12 g Fett 13 g Kohlenhydrate 11 g Protein 799 mg Natrium

Kichererbsen und Grünkohl mit würziger Pomodoro-Sauce

Zubereitungszeit: 10 Minuten.

Zeit zu Kochen: 35 Minuten

Portionen: 4

Schwierigkeitsgrad: Einfach

Zutaten:

- 2 Esslöffel natives Olivenöl extra
- 4 Knoblauchzehen, in Scheiben geschnitten
- 1 Teelöffel rote Paprikaflocken
- 1 Dose (28 Unzen) ungesalzene, zerkleinerte Tomaten
- 1 Teelöffel koscheres Salz
- ½ Teelöffel Honig
- 1 Bund Grünkohl, Stiele entfernt und klein geschnitten
- 2 Dosen (15 oz) natriumarme Kichererbsen, abgetropft und gespült
- ¼ Tasse gehackter frischer Basilikum
- ¼ Tasse geriebener Pecorino Romano-Käse

Titel:

Das Olivenöl in einer Pfanne bei mittlerer Hitze erhitzen. Fügen Sie den Knoblauch und die Paprikaflocken hinzu und braten Sie, bis der Knoblauch leicht gebräunt ist, etwa 2 Minuten. Tomaten, Salz und Honig hinzugeben und gut vermischen. Hitze auf niedrig reduzieren und 20 Minuten köcheln lassen.

Grünkohl zugeben und gut vermischen. Etwa 5 Minuten kochen.

Die Kichererbsen zugeben und etwa 5 Minuten köcheln lassen.

Vom Herd nehmen und das Basilikum hinzufügen. Mit Pecorino-Käse bestreut servieren.

Ernährung (pro 100 Gramm): 420 Kalorien 13 g Fett 12 g Kohlenhydrate 20 g Protein 882 mg Natrium

Gebackener Feta mit Grünkohl und Zitronenjoghurt

Zubereitungszeit: 15 Minuten.

Zeit zu Kochen: 20 Minuten

Portionen: 4

Schwierigkeitsgrad: mittel

Zutaten:

- 1 Esslöffel natives Olivenöl extra
- 1 Kopf rote Zwiebel
- ¼ Teelöffel koscheres Salz
- 1 Teelöffel gemahlene Kurkuma
- ½ Teelöffel gemahlener Kreuzkümmel
- ½ Teelöffel gemahlener Koriander
- ¼ Teelöffel frisch gemahlener schwarzer Pfeffer
- 1 Bund Grünkohl, Stiele entfernt und klein geschnitten
- 7-Unzen-Block-Feta-Käse, in ¼-Zoll-dicke Scheiben geschnitten
- ½ Tasse griechischer Naturjoghurt
- 1 Esslöffel Zitronensaft

Titel:

Ofen auf 400°F vorheizen. Das Olivenöl in einer großen ofenfesten Pfanne erhitzen oder bei mittlerer Hitze anbraten. Zwiebel und Salz hinzufügen; anbraten, bis sie leicht gebräunt sind, etwa 5 Minuten. Fügen Sie Kurkuma, Kreuzkümmel, Koriander und schwarzen Pfeffer hinzu; 30 Sekunden backen. Den Grünkohl dazugeben und etwa 2 Minuten anbraten. Fügen Sie ½ Tasse Wasser hinzu und kochen Sie den Grünkohl etwa 3 Minuten lang weiter.

Vom Herd nehmen und die Fetakäsescheiben auf die Grünkohlmischung legen. In den Ofen stellen und 10-12 Minuten backen, bis der Feta weich ist. Joghurt und Zitronensaft in einer kleinen Schüssel mischen. Grünkohl-Feta-Aufstrich mit Zitronenjoghurt servieren.

Ernährung (pro 100 Gramm): 210 Kalorien 14 g Fett 2 g Kohlenhydrate 11 g Protein 836 mg Natrium

Gebratene Auberginen und Kichererbsen mit Tomatensauce

Zubereitungszeit: 15 Minuten.

Zeit zu Kochen: 60 Minuten

Portionen: 4

Schwierigkeitsgrad: Schwierig

Zutaten:

- Olivenölspray zum Kochen
- 1 große Aubergine (ca. 1 Pfund), in ¼ Zoll dicke Scheiben geschnitten
- 1 Teelöffel koscheres Salz, geteilt
- 1 Esslöffel natives Olivenöl extra
- 3 Knoblauchzehen fein gehackt
- 1 Dose (28 Unzen) ungesalzene, zerkleinerte Tomaten
- ½ Teelöffel Honig
- ¼ Teelöffel frisch gemahlener schwarzer Pfeffer
- 2 Esslöffel gehackter frischer Basilikum
- 1 Dose (15 Unzen) salzfreie oder natriumarme Kichererbsen, abgetropft und gespült
- ¾ Tasse zerbröselter Feta-Käse
- 1 Esslöffel gehackter frischer Oregano

Titel:

Ofen auf 425 ° F vorheizen. Zwei Backbleche einfetten, mit Alufolie auslegen und leicht mit Olivenöl besprühen. Die Aubergine in einer Schicht verteilen und mit ½ Teelöffel Salz bestreuen. 20 Minuten backen, dabei einmal nach der Hälfte der Zeit wenden, bis sie leicht gebräunt sind.

In der Zwischenzeit Olivenöl in einer großen Pfanne bei mittlerer Hitze erhitzen. Fügen Sie den Knoblauch hinzu und braten Sie ihn 30 Sekunden lang an. Fügen Sie die zerdrückten Tomaten, den Honig, den restlichen ½ Teelöffel Salz und den schwarzen Pfeffer hinzu. Etwa 20 Minuten köcheln lassen, bis die Sauce leicht weich und eingedickt ist. Basilikum hinzufügen.

Nachdem Sie die Auberginen aus dem Ofen genommen haben, reduzieren Sie die Ofentemperatur auf 375 °F. Gießen Sie die Kichererbsen und 1 Tasse der Sauce in eine große rechteckige oder ovale Auflaufform. Ordnen Sie die Auberginenscheiben darauf an und überlappen Sie die Kichererbsen nach Bedarf. Den Rest der Sauce über die Auberginen geben. Feta-Käse und Oregano darüber streuen.

Das Blech mit Alufolie umwickeln und 15 Minuten backen. Folie entfernen und weitere 15 Minuten backen.

Ernährung (pro 100 Gramm): 320 Kalorien 11 g Fett 12 g Kohlenhydrate 14 g Protein 773 mg Natrium

Gebratene Falafel-Schieber

Zubereitungszeit: 10 Minuten.

Zeit zu Kochen: 30 Minuten

Portionen: 6

Schwierigkeitsgrad: mittel

Zutaten:

- Olivenölspray zum Kochen
- 1 Dose (15 oz) natriumarme Kichererbsen, abgetropft und gespült
- 1 fein gehackte Zwiebel
- 2 Knoblauchzehen, geschält
- 2 Esslöffel gehackte frische Petersilie
- 2 Esslöffel Vollkornmehl
- ½ Teelöffel gemahlener Koriander
- ½ Teelöffel gemahlener Kreuzkümmel
- ½ Teelöffel Backpulver
- ½ Teelöffel koscheres Salz
- ¼ Teelöffel frisch gemahlener schwarzer Pfeffer

Titel:

Ofen auf 350 ° F vorheizen. Ein Backblech mit Pergamentpapier oder Folie auslegen und leicht mit Olivenöl besprühen.

Kichererbsen, Zwiebel, Knoblauch, Petersilie, Mehl, Koriander, Kreuzkümmel, Backpulver, Salz und schwarzen Pfeffer in einer Küchenmaschine mischen. Mischen, bis glatt.

Machen Sie 6 Schieber, häufen Sie jeweils ¼ Tasse Teig hinein und legen Sie sie auf das vorbereitete Backblech. 30 Minuten backen. Teilnehmen.

Ernährung (pro 100 Gramm): 90 Kalorien 1 g Fett 3 g Kohlenhydrate 4 g Protein 803 mg Natrium

Portobello Caprese

Zubereitungszeit: 15 Minuten.

Zeit zu Kochen: 30 Minuten

Portionen: 2

Schwierigkeitsgrad: Schwierig

Zutaten:

- 1 Esslöffel Olivenöl
- 1 Tasse Kirschtomaten
- Salz und schwarzer Pfeffer nach Geschmack
- 4 große frische Basilikumblätter, in dünne Scheiben geschnitten und geteilt
- 3 mittelgroße Knoblauchzehen, gehackt
- 2 große Portobello-Pilze, Stiele entfernt
- 4 Mini-Mozzarella-Kugeln
- 1 Esslöffel geriebener Parmesankäse

Titel:

Backofen auf 180°C (350°F) vorheizen. Ein Backblech mit Olivenöl einfetten. Träufeln Sie 1 Esslöffel Olivenöl in eine beschichtete Pfanne und erhitzen Sie es bei mittlerer Hitze. Die Tomaten in die Pfanne geben und mit Salz und schwarzem Pfeffer würzen. Einige Löcher in die Tomaten stechen, um beim Backen Saft zu ziehen. Decken Sie die Tomaten ab und kochen Sie sie 10 Minuten lang oder bis sie weich sind.

Reservieren Sie 2 Teelöffel Basilikum und geben Sie das restliche Basilikum und den Knoblauch in die Pfanne. Die Tomaten mit einem Pfannenwender zerdrücken, dann eine halbe Minute kochen. Während des Kochens ständig umrühren. Du legst es beiseite, du ignorierst es. Die Pilze in die Pfanne geben, abdecken und mit Salz und schwarzem Pfeffer abschmecken.

Gießen Sie die Tomatenmischung und die Mozzarellabällchen über die Kiemen der Pilze und bestreuen Sie sie dann mit Parmesankäse, um sie gut zu bedecken. Backen, bis die Pilze weich sind und der Käse goldbraun ist. Die gefüllten Champignons aus dem Ofen nehmen und mit Basilikum darauf servieren.

Ernährung (pro 100 Gramm): 285 Kalorien 21,8 g Fett 2,1 g Kohlenhydrate 14,3 g Protein 823 mg Natrium

Tomate gefüllt mit Champignons und Käse

Zubereitungszeit: 15 Minuten.

Zeit zu Kochen: 20 Minuten

Portionen: 4

Schwierigkeitsgrad: mittel

Zutaten:

- 4 große reife Tomaten
- 1 Esslöffel Olivenöl
- 454 g (½ Pfund) weiße oder Cremini-Pilze, in Scheiben geschnitten
- 1 Esslöffel gehackter frischer Basilikum
- ½ Tasse gelbe Zwiebel, gewürfelt
- 1 Esslöffel gehackter frischer Oregano
- 2 Knoblauchzehen, fein gehackt
- ½ Teelöffel Salz
- ¼ Teelöffel frisch gemahlener schwarzer Pfeffer
- 1 Tasse fettarmer Mozzarella-Käse, gerieben
- 1 Esslöffel geriebener Parmesankäse

Titel:

Backofen auf 190°C (375°F) vorheizen. Schneiden Sie eine ½-Zoll-Scheibe von der Oberseite jeder Tomate ab. Legen Sie das Fruchtfleisch in eine Schüssel und lassen Sie ½ Zoll Tomatenhaut darin. Die Tomaten auf ein mit Alufolie ausgelegtes Backblech legen. Das Olivenöl in einer beschichteten Pfanne bei mittlerer Hitze erhitzen.

Pilze, Basilikum, Zwiebel, Oregano, Knoblauch, Salz und schwarzen Pfeffer in die Pfanne geben und 5 Minuten anbraten.

Gießen Sie die Mischung in die Tomatenmarkschüssel, fügen Sie dann den Mozzarella-Käse hinzu und mischen Sie gut. Gießen Sie die Mischung in jede Tomatenschale und bedecken Sie sie dann mit einer Schicht Parmesan. Im vorgeheizten Ofen 15 Minuten backen oder bis der Käse weich und die Tomaten weich sind. Die gefüllten Tomaten aus dem Ofen nehmen und warm servieren.

Ernährung (pro 100 Gramm): 254 Kalorien 14,7 g Fett 5,2 g Kohlenhydrate 17,5 g Protein 783 mg Natrium

Gruppieren Sie es

Zubereitungszeit: 15 Minuten.

Zeit zu Kochen: 5 Minuten

Portionen: 6

Schwierigkeitsgrad: mittel

Zutaten:

- 4 Esslöffel Olivenöl, geteilt
- 4 Tassen Blumenkohl mit Reis
- 3 Zehen fein gehackter Knoblauch
- Salz und schwarzer Pfeffer nach Geschmack
- ½ große Gurke, geschält, entkernt und gehackt
- ½ Tasse gehackte italienische Petersilie
- Saft von 1 Zitrone
- 2 Esslöffel gehackte rote Zwiebel
- ½ Tasse gehackte Minzblätter
- ½ Tasse entkernte Kalamata-Oliven, gehackt
- 1 Tasse Kirschtomaten, geviertelt
- 2 Tassen Rucola oder Spinatblätter
- 2 mittelgroße Avocados, geschält, entkernt und gewürfelt

Titel:

2 Esslöffel Olivenöl in einer beschichteten Pfanne bei mittlerer Hitze erhitzen. Blumenkohlreis, Knoblauch, Salz und schwarzen Pfeffer in die Pfanne geben und 3 Minuten anbraten, bis es duftet. Gib sie in eine große Schüssel.

Gurke, Petersilie, Zitronensaft, rote Zwiebel, Minze, Oliven und restliches Olivenöl in die Schüssel geben. Mischen, um gut zu kombinieren. Die Schüssel für mindestens 30 Minuten in den Kühlschrank stellen.

Die Schüssel aus dem Kühlschrank nehmen. Kirschtomaten, Rucola und Avocado in die Schüssel geben. Gut würzen und gut vermischen. Kalt servieren.

Ernährung (pro 100 Gramm): 198 Kalorien 17,5 g Fett 6,2 g Kohlenhydrate 4,2 g Protein 773 mg Natrium

Würziger Brokkoli und Artischockenherzen

Zubereitungszeit: 5 Minuten.

Zeit zu Kochen: 15 Minuten

Portionen: 4

Schwierigkeitsgrad: mittel

Zutaten:

- 3 Esslöffel Olivenöl, geteilt
- 2 Pfund (907 g) frischer Brokkoli
- 3 Zehen fein gehackter Knoblauch
- 1 Teelöffel rote Paprikaflocken
- 1 Teelöffel Salz, plus mehr nach Geschmack
- 383 g Artischockenherzen
- 1 Esslöffel Wasser
- 2 Esslöffel Rotweinessig
- frisch gemahlener schwarzer Pfeffer nach Geschmack

Titel:

Erhitzen Sie 2 Esslöffel Olivenöl in einer beschichteten Pfanne bei mittlerer Hitze. Brokkoli, Knoblauch, Paprikaflocken und Salz in die Pfanne geben und 5 Minuten sautieren oder bis der Brokkoli weich ist.

Die Artischockenherzen in die Pfanne geben und weitere 2 Minuten köcheln lassen oder bis sie weich sind. Wasser in die Pfanne geben und die Hitze auf niedrig reduzieren. Zugedeckt bei schwacher Hitze 5 Minuten garen. In der Zwischenzeit den Essig und 1 EL Olivenöl in einer Schüssel mischen.

Den langsam gekochten Brokkoli und die Artischocken mit geöltem Essig beträufeln und mit Salz und schwarzem Pfeffer bestreuen. Vor dem Servieren gut mischen.

Ernährung (pro 100 Gramm): 272 Kalorien 21,5 g Fett 9,8 g Kohlenhydrate 11,2 g Protein 736 mg Natrium

Shakshuka

Zubereitungszeit: 10 Minuten.

Zeit zu Kochen: 25 Minuten

Portionen: 4

Schwierigkeitsgrad: Schwierig

Zutaten:

- 5 Esslöffel Olivenöl, geteilt
- 1 rote Paprika, gehackt
- ½ kleine gelbe Zwiebel, fein gehackt
- 397 g zerkleinerte Tomaten mit Saft
- 170 g gefrorener Spinat, aufgetaut und von überschüssiger Flüssigkeit befreit
- 1 Teelöffel geräucherter Paprika
- 2 Knoblauchzehen fein gehackt
- 2 Teelöffel rote Paprikaflocken
- 1 Esslöffel Kapern, gehackt
- 1 Esslöffel Wasser
- 6 große Eier
- ¼ Teelöffel frisch gemahlener schwarzer Pfeffer
- ¾ Tasse Feta- oder Ziegenkäse, zerbröckelt
- ¼ Tasse frische glatte Petersilie oder Koriander, gehackt

Titel:

Den Ofen auf 150 C vorbereiten. 2 Esslöffel Olivenöl in einer Pfanne bei mittlerer Hitze erhitzen. Paprika und Zwiebel in einer

Pfanne anschwitzen, bis die Zwiebel glasig und die Paprika weich ist.

Tomaten und Saft, Spinat, Paprika, Knoblauch, Paprikaflocken, Kapern, Wasser und 2 Esslöffel Olivenöl in die Pfanne geben. Gut mischen und zum Kochen bringen. Reduzieren Sie die Hitze auf eine niedrige Stufe, decken Sie sie dann ab und lassen Sie sie 5 Minuten köcheln.

Die Eier mit der Sauce verquirlen, zwischen den Eiern etwas Platz lassen, das Ei intakt lassen und mit frisch gemahlenem schwarzem Pfeffer bestreuen. Kochen, bis die Eier gar sind.

Den Käse mit Ei und Soße bestreichen und im vorgeheizten Backofen 5 Minuten backen, bis der Käse sprudelnd und goldbraun ist. Vor dem heißen Servieren mit dem restlichen 1 Esslöffel Olivenöl beträufeln und mit Petersilie bestreuen.

Ernährung (pro 100 Gramm): 335 Kalorien 26,5 g Fett 5 g Kohlenhydrate 16,8 g Protein 736 mg Natrium

Spanakopita

Zubereitungszeit: 15 Minuten.

Zeit zu Kochen: 50 Minuten

Portionen: 6

Schwierigkeitsgrad: Schwierig

Zutaten:

- 6 Esslöffel Olivenöl, geteilt
- 1 kleine gelbe Zwiebel, gewürfelt
- 4 Tassen gefrorener gehackter Spinat
- 4 Knoblauchzehen, gehackt
- ½ Teelöffel Salz
- ½ Teelöffel frisch gemahlener schwarzer Pfeffer
- 4 große Eier, geschlagen
- 1 Tasse Ricotta-Käse
- ¾ Tasse Feta-Käse, zerbröckelt
- ¼ Tasse Pinienkerne

Titel:

Ein Backblech mit 2 EL Olivenöl einfetten. Stellen Sie den Ofen auf 375 Grad F ein. 2 Esslöffel Olivenöl in einer beschichteten Pfanne bei mittlerer Hitze erhitzen. Werfen Sie die Zwiebel in eine Pfanne und braten Sie sie 6 Minuten lang an oder bis sie durchscheinend und weich ist.

Spinat, Knoblauch, Salz und schwarzen Pfeffer in die Pfanne geben und weitere 5 Minuten anbraten. Legen Sie sie in eine Schüssel und stellen Sie sie beiseite. Das geschlagene Ei und den Ricotta-Käse in einer separaten Schüssel mischen und dann in die Schüssel mit der Spinatmischung gießen. Gut mischen.

Gießen Sie die Mischung in die Pfanne und kippen Sie die Pfanne, sodass die Mischung den Boden gleichmäßig bedeckt. Backen, bis es gerade anfängt fest zu werden. Das Backblech aus dem Ofen nehmen und den Feta und die Pinienkerne darauf verteilen, dann mit den restlichen 2 Esslöffeln Olivenöl beträufeln.

Die Pfanne wieder in den Ofen stellen und weitere 15 Minuten backen oder bis die Oberseite goldbraun ist. Nimm die Pfanne aus dem Ofen. Lassen Sie die Spanakopita einige Minuten abkühlen und schneiden Sie sie vor dem Servieren in Scheiben.

Ernährung (pro 100 Gramm): 340 Kalorien 27,3 g Fett 10,1 g Kohlenhydrate 18,2 g Protein 781 mg Natrium

Tajine

Zubereitungszeit: 20 Minuten.

Zeit zu Kochen: 60 Minuten

Portionen: 6

Schwierigkeitsgrad: mittel

Zutaten:

- ½ Tasse Olivenöl
- 6 Selleriestangen, in ¼-Zoll-Halbmonde geschnitten
- 2 mittelgroße gelbe Zwiebeln, in Scheiben geschnitten
- 1 Teelöffel gemahlener Kreuzkümmel
- ½ Teelöffel gemahlener Zimt
- 1 Teelöffel Ingwerpulver
- 6 gehackte Knoblauchzehen
- ½ Teelöffel Paprika
- 1 Teelöffel Salz
- ¼ Teelöffel frisch gemahlener schwarzer Pfeffer
- 2 Tassen natriumarme Gemüsebrühe
- 2 mittelgroße Zucchini, in ½ Zoll dicke Hälften schneiden
- 2 Tassen Blumenkohl, in Röschen geschnitten
- 1 mittelgroße Aubergine, in 1-Zoll-Würfel geschnitten
- 1 Tasse grüne Oliven, halbiert und entkernt
- 383 g Artischockenherzen, abgetropft und geviertelt
- ½ Tasse frische Korianderblätter, gehackt, zum Garnieren
- ½ Tasse griechischer Naturjoghurt zur Dekoration

- ½ Tasse gehackte frische glatte Petersilie zum Garnieren

Titel:

Das Olivenöl in einer Pfanne bei mittlerer Hitze erhitzen. Sellerie und Zwiebel in den Topf geben und 6 Minuten anbraten. Kreuzkümmel, Zimt, Ingwer, Knoblauch, Paprika, Salz und schwarzen Pfeffer in den Topf geben und weitere 2 Minuten köcheln lassen, bis es aromatisch wird.

Die Gemüsebrühe in den Topf gießen und zum Kochen bringen. Reduzieren Sie die Hitze auf eine niedrige Stufe und legen Sie die Zucchini, den Blumenkohl und die Auberginen auf die Bank. Zugedeckt 30 Minuten köcheln lassen oder bis das Gemüse weich ist. Dann die Oliven und Artischockenherzen in den Pool geben und weitere 15 Minuten köcheln lassen. Gießen Sie sie in eine große Schüssel oder Tajine und servieren Sie sie mit Koriander, griechischem Joghurt und Petersilie.

Ernährung (pro 100 Gramm): 312 Kalorien 21,2 g Fett 9,2 g Kohlenhydrate 6,1 g Protein 813 mg Natrium

Zitrus Pistazien und Spargel

Zubereitungszeit: 10 Minuten.

Zeit zu Kochen: 10 Minuten

Portionen: 4

Schwierigkeitsgrad: Schwierig

Zutaten:

- Schale und Saft von 2 Clementinen oder 1 Orange
- Schale und Saft von 1 Zitrone
- 1 Esslöffel Rotweinessig
- 3 Esslöffel natives Olivenöl extra, geteilt
- 1 Teelöffel Salz, geteilt
- ¼ Teelöffel frisch gemahlener schwarzer Pfeffer
- ½ Tasse geschälte Pistazien
- 1 Pfund (454 g) frischer Spargel, gehackt
- 1 Esslöffel Wasser

Titel:

Clementinen- und Zitronenschale und -saft, Essig, 2 Esslöffel Olivenöl, ½ Teelöffel Salz und schwarzen Pfeffer mischen. Gut mischen. Du legst es beiseite, du ignorierst es.

Rösten Sie die Pistazien in einer beschichteten Pfanne bei mittlerer Hitze 2 Minuten oder bis sie goldbraun sind. Die gerösteten Pistazien auf eine saubere Arbeitsfläche geben und in große Würfel schneiden. Pistazien mit der Zitrusmischung mischen. Du legst es beiseite, du ignorierst es.

Das restliche Olivenöl in einer beschichteten Pfanne bei mittlerer Hitze erhitzen. Den Spargel in die Pfanne geben und 2 Minuten braten, dann mit dem restlichen Salz würzen. Das Wasser in die Pfanne geben. Hitze auf niedrig stellen und abdecken. 4 Minuten köcheln lassen, bis der Spargel weich ist.

Den Spargel aus der Pfanne auf einen großen Teller geben. Die Zitrus-Pistazien-Mischung über den Spargel gießen. Vor dem Servieren gut bestreichen.

Ernährung (pro 100 Gramm): 211 Kalorien 17,5 g Fett 3,8 g Kohlenhydrate 5,9 g Protein 901 mg Natrium

Auberginen gefüllt mit Tomaten und Petersilie

Zubereitungszeit: 15 Minuten.
Zeit zu Kochen: 2 Stunden 10 Minuten
Portionen: 6
Schwierigkeitsgrad: mittel

Zutaten:

- ¼ Tasse natives Olivenöl extra
- 3 kleinere Auberginen, längs halbiert
- 1 Teelöffel Meersalz
- ½ Teelöffel frisch gemahlener schwarzer Pfeffer
- 1 große gelbe Zwiebel, fein gehackt
- 4 Knoblauchzehen, gehackt
- 425 g Tomatenwürfel mit Saft
- ¼ Tasse frische glatte Petersilie, fein gehackt

Titel:

Legen Sie den Einsatz mit 2 Esslöffeln Olivenöl in den Slow Cooker. Schneiden Sie ein paar Schlitze in die Schnittseite der Auberginenhälften und lassen Sie zwischen jedem Schlitz einen ¼-Zoll-Abstand. Legen Sie die Auberginenhälften mit der Hautseite nach unten in den Slow Cooker. Mit Salz und schwarzem Pfeffer bestreuen.

Das restliche Olivenöl in einer beschichteten Pfanne bei mittlerer Hitze erhitzen. Zwiebel und Knoblauch in die Pfanne geben und 3 Minuten braten oder bis die Zwiebel glasig ist.

Petersilie und Tomaten mit Saft in die Pfanne geben und mit Salz und schwarzem Pfeffer bestreuen. Weitere 5 Minuten köcheln lassen oder bis sie weich sind. Teilen Sie die Mischung und löffeln Sie sie in die Pfanne über den Auberginenhälften.

Decken Sie den Slow Cooker ab und garen Sie ihn 2 Stunden lang auf HIGH, bis die Auberginen weich sind. Die Auberginen auf einen Teller geben und vor dem Servieren einige Minuten abkühlen lassen.

Ernährung (pro 100 Gramm): 455 Kalorien 13 g Fett 14 g Kohlenhydrate 14 g Protein 719 mg Natrium

Ratatouille

Zubereitungszeit: 15 Minuten.

Kochzeit: 7 Stunden.

Portionen: 6

Schwierigkeitsgrad: mittel

Zutaten:

- 3 Esslöffel natives Olivenöl extra
- 1 große Aubergine, ungeschält und in Scheiben geschnitten
- 2 große Zwiebeln, in Scheiben geschnitten
- 4 kleine Zucchini, in Scheiben geschnitten
- 2 grüne Paprika
- 6 große Tomaten, in 1,2 cm dicke Scheiben geschnitten
- 2 Esslöffel frische glatte Petersilie, fein gehackt
- 1 Teelöffel getrocknetes Basilikum
- 2 Knoblauchzehen, fein gehackt
- 2 Teelöffel Meersalz
- ¼ Teelöffel frisch gemahlener schwarzer Pfeffer

Titel:

Füllen Sie den Einsatz des Schongarers mit 2 Esslöffeln Olivenöl. Legen Sie das geschnittene, gehackte und geschnittene Gemüse abwechselnd in den Schongarer-Einsatz. Das Gemüse mit Petersilie bestreichen und mit Basilikum, Knoblauch, Salz und schwarzem Pfeffer würzen. Mit dem restlichen Olivenöl beträufeln. Decken Sie es ab und kochen Sie es 7 Stunden lang auf NIEDRIG, bis das Gemüse weich ist. Das Gemüse auf einem Teller anrichten und warm servieren.

Ernährung (pro 100 Gramm): 265 Kalorien 1,7 g Fett 13,7 g Kohlenhydrate 8,3 g Protein 800 mg Natrium

gemist

Zubereitungszeit: 15 Minuten.

Kochzeit: 4 Stunden.

Portionen: 4

Schwierigkeitsgrad: mittel

Zutaten:

- 2 Esslöffel natives Olivenöl extra
- 4 große Paprika, beliebige Farbe
- ½ Tasse roher Couscous
- 1 Teelöffel Oregano
- 1 gehackte Knoblauchzehe
- 1 Tasse zerbröckelter Feta-Käse
- 1 Dose (15 oz/425 g) Cannellini-Bohnen, abgespült und abgetropft
- Salz und Pfeffer nach Geschmack
- 1 Zitronenscheibe
- 4 Frühlingszwiebeln, weiße und grüne Teile getrennt, in dünne Scheiben geschnitten

Titel:

Schneiden Sie eine ½-Zoll-Scheibe unterhalb des Stiels von der Spitze der Paprika ab. Nur den Stiel wegwerfen, die Oberseite unter den Stiel schneiden und in einer Schüssel beiseite stellen. Paprika mit einem Löffel herauskratzen. Den Slow Cooker mit Öl einfetten.

Die restlichen Zutaten, außer dem Grün der Frühlingszwiebel und den Zitronenschnitzen, auf die gehackte Paprika geben. Gut mischen. Die Mischung in die ausgehöhlte Paprika gießen und die gefüllten Paprika in den Slow Cooker geben, dann mit mehr Olivenöl beträufeln.

Decken Sie den Slow Cooker ab und garen Sie ihn 4 Stunden lang auf HIGH oder bis die Paprikaschoten weich sind.

Nimm die Paprika aus dem Slow Cooker und serviere sie auf einem Teller. Vor dem Servieren mit den grünen Teilen der Frühlingszwiebel bestreuen und die Zitronenringe darüber auspressen.

Ernährung (pro 100 Gramm): 246 Kalorien 9 g Fett 6,5 g Kohlenhydrate 11,1 g Protein 698 mg Natrium

Kohlrouladen

Zubereitungszeit: 15 Minuten.

Kochzeit: 2 Stunden.

Portionen: 4

Schwierigkeitsgrad: Schwierig

Zutaten:

- 4 Esslöffel Olivenöl, geteilt
- 1 großer Grünkohl, entkernt
- 1 große gelbe Zwiebel, fein gehackt
- 85 g Feta-Käse, zerkrümelt
- ½ Tasse getrocknete Johannisbeeren
- 3 Tassen gekochte Graupen
- 2 Esslöffel frische glatte Petersilie, fein gehackt
- 2 Esslöffel geröstete Pinienkerne
- ½ Teelöffel Meersalz
- ½ Teelöffel schwarzer Pfeffer
- 425 g zerkleinerte Tomaten mit Saft
- 1 Esslöffel Apfelessig
- ½ Tasse Apfelsaft

Titel:

Bürsten Sie den Einsatz des Schongarers mit 2 Esslöffeln Olivenöl. Den Kohl 8 Minuten in einem Topf mit Wasser blanchieren. Aus dem Wasser nehmen und beiseite stellen, dann 16 Blätter vom Kohl trennen. Du legst es beiseite, du ignorierst es.

Das restliche Olivenöl in eine beschichtete Pfanne geben und bei mittlerer Hitze erhitzen. Die Zwiebel in die Pfanne geben und kochen, bis die Zwiebel und die Paprika weich sind. Übertragen Sie die Zwiebel in eine Schüssel.

Feta-Käse, Johannisbeeren, Gerste, Petersilie und Pinienkerne in die Schüssel mit den gekochten Zwiebeln geben, dann mit ¼ Teelöffel Salz und ¼ Teelöffel schwarzem Pfeffer bestreuen.

Legen Sie die Kohlblätter auf eine saubere Arbeitsfläche. 1/3 Tasse der Mischung auf die Mitte jedes Tellers geben, dann den Rand über die Mischung klappen und aufrollen. Legen Sie die Kohlrouladen mit der Nahtseite nach unten in den Slow Cooker.

Vermische die restlichen Zutaten in einer separaten Schüssel und gieße die Mischung dann über die Kohlrouladen. Decken Sie den Slow Cooker ab und garen Sie ihn 2 Stunden lang auf HIGH. Die Kohlrouladen aus dem Slow Cooker nehmen und warm servieren.

Ernährung (pro 100 Gramm): 383 Kalorien 14,7 g Fett 12,9 g Kohlenhydrate 10,7 g Protein 838 mg Natrium

Rosenkohl mit Balsamico-Glasur

Zubereitungszeit: 15 Minuten.

Kochzeit: 2 Stunden.

Portionen: 6

Schwierigkeitsgrad: mittel

Zutaten:

- Balsamico-Glasur:
- 1 Tasse Balsamico-Essig
- ¼ Tasse Honig
- 2 Esslöffel natives Olivenöl extra
- 2 Pfund (907 g) Rosenkohl, getrimmt und halbiert
- 2 Tassen natriumarme Gemüsebrühe
- 1 Teelöffel Meersalz
- frisch gemahlener schwarzer Pfeffer nach Geschmack
- ¼ Tasse geriebener Parmesankäse
- ¼ Tasse Pinienkerne

Titel:

Bereiten Sie den Balsamico-Essig zu: Mischen Sie den Balsamico-Essig und den Honig in einem Topf. Gut mischen. Bei mittlerer Hitze zum Kochen bringen. Reduzieren Sie die Hitze auf niedrig und kochen Sie für 20 Minuten oder bis die Glasur um die Hälfte reduziert und eingedickt ist. Gießen Sie ein wenig Olivenöl in den Einsatz des Schongarers.

Rosenkohl, Gemüsebrühe und ½ Teelöffel Salz in einen Schongarer geben, umrühren. Decken Sie den Slow Cooker ab und garen Sie ihn 2 Stunden lang auf HIGH, bis der Rosenkohl weich ist.

Den Rosenkohl auf einen Teller geben und mit dem restlichen Salz und schwarzem Pfeffer zum Würzen bestreuen. Rosenkohl mit Balsamico-Glasur bestreichen, dann mit Parmesan und Pinienkernen servieren.

Ernährung (pro 100 Gramm): 270 Kalorien 10,6 g Fett 6,9 g Kohlenhydrate 8,7 g Protein 693 mg Natrium

Spinatsalat mit Zitrus-Vinaigrette

Zubereitungszeit: 10 Minuten.

Zeit zu Kochen: 0 Minuten

Portionen: 4

Schwierigkeitsgrad: Einfach

Zutaten:

- Zitrus-Vinaigrette:
- ¼ Tasse natives Olivenöl extra
- 3 Esslöffel Balsamico-Essig
- ½ Teelöffel frische Zitronenschale
- ½ Teelöffel Salz
- Salat:
- 1 Pfund (454 g) Babyspinat, gewaschen und Stiele entfernt
- 1 große reife Tomate, in ¼-Zoll-Stücke geschnitten
- 1 mittelgroße rote Zwiebel, in dünne Scheiben geschnitten

Titel:

Machen Sie die Zitrus-Vinaigrette: Verquirlen Sie das Olivenöl, den Balsamico-Essig, die Zitronenschale und das Salz in einer Schüssel, bis alles gut vermischt ist.

Salat zubereiten: Babyspinat, Tomaten und Zwiebeln in eine separate Salatschüssel geben. Den Salat mit der Zitrus-Vinaigrette mischen und vorsichtig schwenken, bis das Gemüse gut bedeckt ist.

Ernährung (pro 100 Gramm): 173 Kalorien 14,2 g Fett 4,2 g Kohlenhydrate 4,1 g Protein 699 mg Natrium

Einfacher Sellerie-Orangen-Salat

Zubereitungszeit: 15 Minuten.
Zeit zu Kochen: 0 Minuten
Portionen: 6
Schwierigkeitsgrad: Einfach

Zutaten:

- <u>Salat:</u>
- 3 Selleriestangen, einschließlich Blätter, diagonal in ½-Zoll-Scheiben schneiden
- ½ Tasse grüne Oliven
- ¼ Tasse geschnittene rote Zwiebel
- 2 große Orangen, geschält und in Scheiben geschnitten
- <u>Bandage:</u>
- 1 Esslöffel natives Olivenöl extra
- 1 Esslöffel Zitronen- oder Orangensaft
- 1 Esslöffel Olivensole
- ¼ Teelöffel Meersalz oder kosheres Salz
- ¼ Teelöffel frisch gemahlener schwarzer Pfeffer

Titel:

Salat zubereiten: Stangensellerie, grüne Oliven, Zwiebel und Orange in eine flache Schüssel geben. Gut mischen und stehen lassen.

Zubereitung des Dressings: Olivenöl, Zitronensaft, Olivensaft, Salz und Pfeffer gut verrühren.

Gießen Sie das Dressing in die Salatschüssel und schwenken Sie es leicht, bis es vollständig bedeckt ist.

Kalt oder bei Zimmertemperatur servieren.

Ernährung (pro 100 Gramm): 24 Kalorien 1,2 g Fett 1,2 g Kohlenhydrate 1,1 g Protein 813 mg Natrium

frittierte Auberginenrolle

Zubereitungszeit: 20 Minuten.

Zeit zu Kochen: 10 Minuten

Portionen: 6

Schwierigkeitsgrad: mittel

Zutaten:

- 2 große Auberginen
- 1 Teelöffel Salz
- 1 Tasse geriebener Ricotta-Käse
- 113 g Ziegenkäse, gerieben
- ¼ Tasse fein gehackter frischer Basilikum
- ½ Teelöffel frisch gemahlener schwarzer Pfeffer
- Olivenöl Spray

Titel:

Die Auberginenscheiben in ein Sieb geben und salzen. 15-20 Minuten stehen lassen.

Kombinieren Sie Ricotta und Ziegenkäse, Basilikum und schwarzen Pfeffer in einer großen Schüssel und mischen Sie alles. Du legst es beiseite, du ignorierst es. Auberginenscheiben mit Küchenpapier trocken tupfen und leicht mit Olivenöl besprühen.

Eine große Pfanne bei mittlerer Hitze erhitzen und leicht mit Olivenöl besprühen. Die Auberginenscheiben in der Pfanne anrichten und in 3 Minuten von beiden Seiten goldbraun braten.

Vom Herd nehmen, auf einen mit Küchenpapier ausgelegten Teller geben und 5 Minuten ruhen lassen. Die Auberginenröllchen zubereiten: Die Auberginenscheiben auf eine ebene Arbeitsfläche legen und jede Scheibe mit einem Esslöffel der vorbereiteten Käsemischung belegen. Aufrollen und sofort servieren.

Ernährung (pro 100 Gramm): 254 Kalorien 14,9 g Fett 7,1 g Kohlenhydrate 15,3 g Protein 612 mg Natrium

Gegrilltes Gemüse und braune Reisschüssel

Zubereitungszeit: 15 Minuten.

Zeit zu Kochen: 20 Minuten

Portionen: 4

Schwierigkeitsgrad: mittel

Zutaten:

- 2 Tassen Blumenkohlröschen
- 2 Tassen Brokkoliröschen
- 1 Dose (15 oz / 425 g) Kichererbsen
- 1 Tasse Karottenscheiben (etwa 1 Zoll dick)
- 2-3 Esslöffel natives Olivenöl extra, geteilt
- Salz und schwarzer Pfeffer nach Geschmack
- Antihaft-Sprühöl
- 2 Tassen gekochter brauner Reis
- 3 Esslöffel Sesam
- <u>Bandage:</u>
- 3-4 Esslöffel Tahini
- 2 Esslöffel Honig
- Saft von 1 Zitrone
- 1 gehackte Knoblauchzehe
- Salz und schwarzer Pfeffer nach Geschmack

Titel:

Den Ofen auf 205 C vorbereiten. Sprühen Sie zwei Backbleche mit Antihaft-Kochspray ein.

Legen Sie den Blumenkohl und den Brokkoli auf das erste Blech und die Kichererbsen- und Karottenscheiben auf das zweite.

Jedes Blatt mit der Hälfte des Olivenöls beträufeln und mit Salz und Pfeffer bestreuen. Toss, um gut zu beschichten.

Die Kichererbsen- und Karottenscheiben im vorgeheizten Ofen 10 Minuten rösten, die Karotten knusprig werden lassen und den Blumenkohl und Brokkoli in 20 Minuten weich werden lassen. Nach der Hälfte der Garzeit einmal umrühren.

In der Zwischenzeit das Dressing zubereiten: In einer kleinen Schüssel Tahini, Honig, Zitronensaft, Knoblauch, Salz und Pfeffer mischen.

Den gekochten Naturreis auf vier Schalen verteilen. Jede Schüssel gleichmäßig mit geröstetem Gemüse und Dressing bestreichen. Vor dem Servieren Sesamsamen zum Dekorieren darüber streuen.

Ernährung (pro 100 Gramm): 453 Kalorien 17,8 g Fett 11,2 g Kohlenhydrate 12,1 g Protein 793 mg Natrium

Blumenkohl mit gehackten Karotten

Zubereitungszeit: 10 Minuten.

Zeit zu Kochen: 10 Minuten

Portionen: 4

Schwierigkeitsgrad: Einfach

Zutaten:

- 3 Esslöffel natives Olivenöl extra
- 1 große Zwiebel fein gehackt
- 1 Esslöffel gehackter Knoblauch
- 2 Tassen gehackte Karotten
- 4 Tassen Blumenkohlröschen
- ½ Teelöffel gemahlener Kreuzkümmel
- 1 Teelöffel Salz

Titel:

Das Olivenöl bei mittlerer Hitze erhitzen. Zwiebel und Knoblauch mischen und 1 Minute braten. Karotten zugeben und 3 Minuten braten. Die Blumenkohlröschen, den Kreuzkümmel und das Salz dazugeben und vermengen.

Abdecken und 3 Minuten backen, bis sie leicht gebräunt sind. Gut mischen und ohne Deckel 3-4 Minuten kochen, bis sie weich sind. Vom Herd nehmen und warm servieren.

Ernährung (pro 100 Gramm): 158 Kalorien 10,8 g Fett 5,1 g Kohlenhydrate 3,1 g Protein 813 mg Natrium

Zucchiniwürfel mit Knoblauch und Minze

Zubereitungszeit: 5 Minuten.

Zeit zu Kochen: 10 Minuten

Portionen: 4

Schwierigkeitsgrad: Einfach

Zutaten:

- 3 große grüne Zucchini
- 3 Esslöffel natives Olivenöl extra
- 1 große Zwiebel fein gehackt
- 3 Knoblauchzehen fein gehackt
- 1 Teelöffel Salz
- 1 Teelöffel getrocknete Minze

Titel:

Das Olivenöl in einer großen Pfanne bei mittlerer Hitze erhitzen.

Zwiebel und Knoblauch einrühren und unter ständigem Rühren 3 Minuten anbraten oder bis sie weich sind.

Fügen Sie die Zucchiniwürfel und Salz hinzu und kochen Sie für 5 Minuten oder bis die Zucchini goldbraun und zart sind.

Die Minze in die Pfanne geben, umrühren und weitere 2 Minuten kochen. Heiß servieren.

Ernährung (pro 100 Gramm): 146 Kalorien 10,6 g Fett 3 g Kohlenhydrate 4,2 g Protein 789 mg Natrium

Zucchini- und Artischockengericht mit faro

Zubereitungszeit: 15 Minuten.

Zeit zu Kochen: 10 Minuten

Portionen: 6

Schwierigkeitsgrad: Einfach

Zutaten:

- 1/3 Tasse natives Olivenöl extra
- 1/3 Tasse gehackte rote Zwiebel
- ½ Tasse gehackte rote Paprika
- 2 Knoblauchzehen, fein gehackt
- 1 Tasse Zucchini, in Scheiben geschnitten halben Zoll dick
- ½ Tasse grob gehackte Artischocken
- ½ Tasse Kichererbsen aus der Dose, abgetropft und gespült
- 3 Tassen gekochter Faro
- Salz und schwarzer Pfeffer nach Geschmack
- ½ Tasse zerbröselter Feta-Käse zum Servieren (optional)
- ¼ Tasse geschnittene Oliven zum Servieren (optional)
- 2 Esslöffel frisches Basilikum, Chiffon, zum Servieren (optional)
- 3 Esslöffel Balsamico-Essig zum Servieren (optional)

Titel:

In einer großen Pfanne das Olivenöl bei mittlerer Hitze erhitzen, bis es schimmert. Zwiebel, Paprika und Knoblauch einrühren und unter gelegentlichem Rühren 5 Minuten kochen, bis sie weich sind.

Zucchinischeiben, Artischocken und Kichererbsen dazugeben und etwa 5 Minuten köcheln lassen, bis sie leicht weich sind. Fügen Sie das gekochte Faro hinzu und rühren Sie, bis es durchgewärmt ist. Mit Salz und Pfeffer würzen.

Die Mischung auf Schüsseln verteilen. Jede Schüssel gleichmäßig mit Feta-Käse, geschnittenen Oliven und Basilikum bestreichen und bei Bedarf mit Balsamico-Essig beträufeln.

Ernährung (pro 100 Gramm): 366 Kalorien 19,9 g Fett 9 g Kohlenhydrate 9,3 g Protein 819 mg Natrium

5 Zutaten für Zucchini-Krapfen

Zubereitungszeit: 15 Minuten.

Zeit zu Kochen: 5 Minuten

Portionen: 14

Schwierigkeitsgrad: mittel

Zutaten:

- 4 Tassen geriebene Zucchini
- Nach Geschmack salzen
- 2 große Eier, leicht geschlagen
- 1/3 Tasse geschnittene Frühlingszwiebeln
- 2/3 Allzweckmehl
- 1/8 Teelöffel schwarzer Pfeffer
- 2 Esslöffel Olivenöl

Titel:

Die geraspelte Zucchini in ein Sieb geben und etwas salzen. 10 Minuten stehen lassen. Nehmen Sie so viel Flüssigkeit wie möglich aus der geriebenen Zucchini auf.

Die geraspelte Zucchini in eine Schüssel geben. Das verquirlte Ei, die Frühlingszwiebel, das Mehl, Salz und Pfeffer dazugeben und gut vermischen.

Das Olivenöl in einer großen Pfanne bei mittlerer Hitze erhitzen.

Geben Sie 3 Esslöffel Zucchinimischung in die heiße Pfanne, um jeden Krapfen zuzubereiten, und löffeln Sie ihn leicht herum und in einem Abstand von etwa 2 Zoll.

2-3 Minuten kochen. Drehen Sie das Zucchini-Rührei um und kochen Sie es weitere 2 Minuten oder bis es goldbraun und durchgegart ist.

Vom Herd nehmen und auf einen mit Küchenpapier ausgelegten Teller geben. Wiederholen Sie mit der restlichen Zucchini-Mischung. Heiß servieren.

Ernährung (pro 100 Gramm):113 Kalorien 6,1 g Fett 9 g Kohlenhydrate 4 g Protein 793 mg Natrium

Marokkanische Tajine mit Gemüse

Zubereitungszeit: 20 Minuten.

Zeit zu Kochen: 40 Minuten

Portionen: 2

Schwierigkeitsgrad: mittel

Zutaten:

- 2 Esslöffel Olivenöl
- ½ Zwiebel, gehackt
- 1 gehackte Knoblauchzehe
- 2 Tassen Blumenkohlröschen
- 1 mittelgroße Karotte, in 1-Zoll-Stücke geschnitten
- 1 Tasse gewürfelte Auberginen
- 1 Dose ganzer Tomatensaft
- 1 Dose (15 oz / 425 g) Kichererbsen
- 2 kleine rote Kartoffeln
- 1 Tasse Wasser
- 1 Teelöffel reiner Ahornsirup
- ½ Teelöffel Zimt
- ½ Teelöffel Kurkuma
- 1 Teelöffel Kreuzkümmel
- ½ Teelöffel Salz
- 1-2 Teelöffel Harissa-Paste

Titel:

Das Olivenöl in einer Pfanne bei mittlerer Hitze erhitzen. Saute die Zwiebel für 5 Minuten unter gelegentlichem Rühren oder bis die Zwiebel durchscheinend ist.

Knoblauch, Blumenkohlröschen, Karotten, Auberginen, Tomaten und Kartoffeln dazugeben. Zerbrich die Tomaten mit einem Holzlöffel in kleinere Stücke.

Kichererbsen, Wasser, Ahornsirup, Zimt, Kurkuma, Kreuzkümmel und Salz hinzufügen und verrühren. lass es kochen

Wenn Sie fertig sind, reduzieren Sie die Hitze auf mittel-niedrig. Fügen Sie die Harissa-Paste hinzu, decken Sie sie ab und lassen Sie sie etwa 40 Minuten lang köcheln, oder bis das Gemüse weich ist. Abschmecken und nach Geschmack würzen. Vor dem Servieren ruhen lassen.

Ernährung (pro 100 Gramm): 293 Kalorien 9,9 g Fett 12,1 g Kohlenhydrate 11,2 g Protein 811 mg Natrium

Kichererbsen-Salat-Wraps mit Sellerie

Zubereitungszeit: 10 Minuten.

Zeit zu Kochen: 0 Minuten

Portionen: 4

Schwierigkeitsgrad: Einfach

Zutaten:

- 1 Dose (15 oz/425 g) natriumarme Kichererbsen
- 1 Stange Sellerie, in dünne Scheiben geschnitten
- 2 Esslöffel gehackte rote Zwiebel
- 2 Esslöffel Tahini ohne Salz
- 3 Esslöffel Senf und Honig
- 1 Esslöffel Kapern, undrainiert
- 12 Buttersalatblätter

Titel:

Die Kichererbsen in einer Schüssel mit einem Kartoffelstampfer oder mit dem Rücken einer Gabel zerdrücken, bis sie fast glatt sind. Sellerie, rote Zwiebel, Tahini, Senf und Kapern in die Schüssel geben und gut verrühren.

Für jede Portion drei überlappende Salatblätter auf einen Teller legen und ¼ der Hummusfüllung darüber gießen, dann aufrollen. Mit den anderen Salatblättern und der Kichererbsenmischung wiederholen.

Ernährung (pro 100 Gramm): 182 Kalorien 7,1 g Fett 3 g Kohlenhydrate 10,3 g Protein 743 mg Natrium

Gegrillte Gemüsespieße

Zubereitungszeit: 15 Minuten.

Zeit zu Kochen: 10 Minuten

Portionen: 4

Schwierigkeitsgrad: Einfach

Zutaten:

- 4 mittelgroße rote Zwiebeln, geschält und in 6 Scheiben geschnitten
- 4 mittelgroße Zucchini, in 1 cm dicke Scheiben schneiden
- 2 Fleischtomaten, geviertelt
- 4 rote Paprika
- 2 orange Paprika
- 2 gelbe Paprika
- 2 Esslöffel plus 1 Teelöffel Olivenöl

Titel:

Den Grill auf mittlere bis hohe Hitze vorheizen. Das Gemüse abwechselnd mit roten Zwiebeln, Zucchini, Tomaten und Paprika in verschiedenen Farben stechen. Mit 2 EL Olivenöl bestreichen.

Die Grillroste mit 1 Teelöffel Olivenöl einölen und die Gemüsespieße 5 Minuten grillen. Drehen Sie die Spieße um und grillen Sie sie für weitere 5 Minuten oder bis sie nach Ihren Wünschen gegart sind. Lassen Sie die Spieße vor dem Servieren 5 Minuten abkühlen.

Ernährung (pro 100 Gramm): 115 Kalorien 3 g Fett 4,7 g Kohlenhydrate 3,5 g Protein 647 mg Natrium

Gefüllte Portobello-Pilze mit Tomaten

Zubereitungszeit: 10 Minuten.

Zeit zu Kochen: 15 Minuten

Portionen: 4

Schwierigkeitsgrad: mittel

Zutaten:

- 4 große Portobello-Pilzkappen
- 3 Esslöffel natives Olivenöl extra
- Salz und schwarzer Pfeffer nach Geschmack
- 4 getrocknete Tomaten
- 1 Tasse geriebener Mozzarella-Käse, geteilt
- ½ bis ¾ Tasse natriumarme Tomatensauce

Titel:

Den Grill auf hohe Hitze vorheizen. Die Pilzköpfe auf ein mit Backpapier ausgelegtes Backblech legen und mit Olivenöl beträufeln. Salz und Pfeffer hinzufügen. 10 Minuten grillen, dabei die Champignonkappen halb durchdrehen, bis sie oben goldbraun sind.

Vom Grill nehmen. Gießen Sie 1 Tomate, 2 Esslöffel Käse und 2-3 Esslöffel Sauce über jeden Pilzkopf. Die Pilzköpfe wieder auf den Grill legen und 2-3 Minuten weitergrillen. Vor dem Servieren 5 Minuten abkühlen lassen.

Ernährung (pro 100 Gramm): 217 Kalorien 15,8 g Fett 9 g Kohlenhydrate 11,2 g Protein 793 mg Natrium

Verwelkte Löwenzahnblätter mit süßen Zwiebeln

Zubereitungszeit: 15 Minuten.
Zeit zu Kochen: 15 Minuten
Portionen: 4
Schwierigkeitsgrad: Einfach

Zutaten:

- 1 Esslöffel natives Olivenöl extra
- 2 Knoblauchzehen, fein gehackt
- 1 Vidalia-Zwiebel, in dünne Scheiben geschnitten
- ½ Tasse natriumarme Gemüsebrühe
- 2 Bund Löwenzahnblätter, gehackt
- frisch gemahlener schwarzer Pfeffer nach Geschmack

Titel:

Das Olivenöl in einer großen Pfanne bei schwacher Hitze erhitzen. Fügen Sie den Knoblauch und die Zwiebel hinzu und kochen Sie sie 2-3 Minuten lang unter gelegentlichem Rühren oder bis die Zwiebel durchscheinend ist.

Gemüsebrühe und Löwenzahngrün hinzugeben und unter häufigem Rühren 5-7 Minuten kochen, bis sie weich sind. Mit schwarzem Pfeffer bestreuen und auf einer heißen Platte servieren.

Ernährung (pro 100 Gramm): 81 Kalorien 3,9 g Fett 4 g Kohlenhydrate 3,2 g Protein 693 mg Natrium

Sellerie und Senfgrün

Zubereitungszeit: 10 Minuten.

Zeit zu Kochen: 15 Minuten

Portionen: 4

Schwierigkeitsgrad: mittel

Zutaten:

- ½ Tasse natriumarme Gemüsebrühe
- 1 Selleriestange, grob gehackt
- ½ süße Zwiebel fein gehackt
- ½ große rote Paprika, in dünne Scheiben geschnitten
- 2 Knoblauchzehen, fein gehackt
- 1 Bund Senfgrün, gehackt

Titel:

Die Gemüsebrühe in eine große gusseiserne Pfanne gießen und bei mittlerer Hitze zum Kochen bringen. Sellerie, Zwiebel, Paprika und Knoblauch dazugeben. Offen etwa 3-5 Minuten garen.

Das Senfgrün in die Pfanne geben und gut vermischen. Hitze reduzieren und kochen, bis die Flüssigkeit verdampft und das Gemüse weich ist. Vom Herd nehmen und warm servieren.

Ernährung (pro 100 Gramm): 39 Kalorien 3,1 g Protein 6,8 g Kohlenhydrate 3 g Protein 736 mg Natrium

Rührei mit Gemüse und Tofu

Zubereitungszeit: 5 Minuten.

Zeit zu Kochen: 10 Minuten

Portionen: 2

Schwierigkeitsgrad: Einfach

Zutaten:

- 2 Esslöffel natives Olivenöl extra
- ½ rote Zwiebel, fein gehackt
- 1 Tasse gehackter Grünkohl
- 227 g Champignons, in Scheiben geschnitten
- 227 g Tofu, gewürfelt
- 2 Knoblauchzehen, fein gehackt
- 1 Prise rote Paprikaflocken
- ½ Teelöffel Meersalz
- 1/8 Teelöffel frisch gemahlener schwarzer Pfeffer

Titel:

Das Olivenöl in einer mittelgroßen beschichteten Pfanne bei mittlerer Hitze erhitzen, bis es schimmert. Zwiebel, Grünkohl und Pilze in die Pfanne geben. Kochen und rühren Sie unregelmäßig oder bis das Gemüse zu bräunen beginnt.

Fügen Sie den Tofu hinzu und kochen Sie ihn 3-4 Minuten lang, bis er weich ist. Knoblauch, Paprikaflocken, Salz und schwarzen Pfeffer hinzufügen und 30 Sekunden kochen lassen. Vor dem Servieren ruhen lassen.

Ernährung (pro 100 Gramm): 233 Kalorien 15,9 g Fett 2 g Kohlenhydrate 13,4 g Protein 733 mg Natrium

einfache Zoodles

Zubereitungszeit: 10 Minuten.

Zeit zu Kochen: 5 Minuten

Portionen: 2

Schwierigkeitsgrad: Einfach

Zutaten:

- 2 Esslöffel Avocadoöl
- 2 mittelgroße Zucchini, spiralisiert
- ¼ Teelöffel Salz
- frisch gemahlener schwarzer Pfeffer nach Geschmack

Titel:

Avocadoöl in einer großen Pfanne bei mittlerer Hitze erhitzen, bis es schimmert. Die Zucchini-Nudeln, Salz und schwarzen Pfeffer in die Pfanne geben und schwenken, um sie zu beschichten. Kochen und ständig rühren, bis sie weich sind. Heiß servieren.

Ernährung (pro 100 Gramm): 128 Kalorien 14 g Fett 0,3 g Kohlenhydrate 0,3 g Protein 811 mg Natrium

Wraps aus Linsen und Tomatensprossen

Zubereitungszeit: 15 Minuten.

Zeit zu Kochen: 0 Minuten

Portionen: 4

Schwierigkeitsgrad: Einfach

Zutaten:

- 2 Tassen gekochte Linsen
- 5 gewürfelte Roma-Tomaten
- ½ Tasse zerbröckelter Feta-Käse
- 10 große frische Basilikumblätter in dünne Scheiben geschnitten
- ¼ Tasse natives Olivenöl extra
- 1 Esslöffel Balsamico-Essig
- 2 Knoblauchzehen, fein gehackt
- ½ Teelöffel roher Honig
- ½ Teelöffel Salz
- ¼ Teelöffel frisch gemahlener schwarzer Pfeffer
- 4 große Kohlblätter, Stiele entfernt

Titel:

Linsen, Tomaten, Käse, Basilikumblätter, Olivenöl, Essig, Knoblauch, Honig, Salz und schwarzen Pfeffer mischen und gut vermischen.

Legen Sie die Kohlblätter auf eine ebene Arbeitsfläche. Eine gleiche Menge der Linsenmischung auf die Ränder der Blätter geben. Aufrollen und halbiert servieren.

Ernährung (pro 100 Gramm): 318 Kalorien 17,6 g Fett 27,5 g Kohlenhydrate 13,2 g Protein 800 mg Natrium

Mediterrane Gemüseplatte

Zubereitungszeit: 10 Minuten.

Zeit zu Kochen: 20 Minuten

Portionen: 4

Schwierigkeitsgrad: mittel

Zutaten:

- 2 Tassen Wasser
- 1 Tasse Nr. 3 Bulgurweizen oder Quinoa, gespült
- 1½ Teelöffel Salz, geteilt
- 1 Pint (2 Tassen) Kirschtomaten, halbiert
- 1 große Paprika, gehackt
- 1 große Gurke, gehackt
- 1 Tasse Kalamata-Oliven
- ½ Tasse frisch gepresster Zitronensaft
- 1 Tasse natives Olivenöl extra
- ½ Teelöffel frisch gemahlener schwarzer Pfeffer

Titel:

Das Wasser in einem mittelgroßen Topf bei mittlerer Hitze zum Kochen bringen. Fügen Sie den Bulgur (oder Quinoa) und 1 Teelöffel Salz hinzu. Abdecken und 15-20 Minuten garen.

Um das Gemüse in den 4 Schalen anzuordnen, teilen Sie jede Schale optisch in 5 Teile. Den gekochten Bulgur in einem Teil anrichten. Folgen Sie mit Tomaten, Paprika, Gurken und Oliven.

Rühren Sie den Zitronensaft, das Olivenöl, den restlichen ½ Teelöffel Salz und den schwarzen Pfeffer ein.

Gießen Sie das Dressing gleichmäßig über alle 4 Schalen. Sofort servieren oder abdecken und für später kühl stellen.

Ernährung (pro 100 Gramm): 772 Kalorien 9 g Fett 6 g Protein 41 g Kohlenhydrate 944 mg Natrium

Gebratenes Gemüse und Hummus-Wrap

Zubereitungszeit: 15 Minuten.

Zeit zu Kochen: 10 Minuten

Portionen: 6

Schwierigkeitsgrad: mittel

Zutaten:

- 1 große Aubergine
- 1 große Zwiebel
- ½ Tasse natives Olivenöl extra
- 1 Teelöffel Salz
- 6 Lavash-Brötchen oder großes Fladenbrot
- 1 Tasse cremiger traditioneller Hummus

Titel:

Erhitzen Sie einen Grill, eine große Grillpfanne oder eine leicht geölte große Pfanne bei mittlerer Hitze. Aubergine und Zwiebel in Ringe schneiden. Das Gemüse mit Olivenöl bepinseln und mit Salz bestreuen.

Braten Sie das Gemüse auf beiden Seiten, etwa 3-4 Minuten pro Seite. Um den Wrap vorzubereiten, legen Sie Lavash oder Pita aus. Etwa 2 Esslöffel Hummus in die Hülle geben.

Das Gemüse gleichmäßig auf die Wraps verteilen und auf einer Seite des Wraps schichten. Falten Sie vorsichtig die Seite der

Verpackung mit dem Gemüse, stecken Sie sie hinein und machen Sie eine feste Verpackung.

Mit der Wickelnaht nach unten legen und halbieren oder dritteln.

Sie können jedes Sandwich auch in Plastikfolie einwickeln, um seine Form für den späteren Verzehr zu erhalten.

Ernährung (pro 100 Gramm): 362 Kalorien 10 g Fett 28 g Kohlenhydrate 15 g Protein 736 mg Natrium

Spanische grüne Bohnen

Zubereitungszeit: 10 Minuten.
Zeit zu Kochen: 20 Minuten
Portionen: 4
Schwierigkeitsgrad: Einfach

Zutaten:

- ¼ Tasse natives Olivenöl extra
- 1 große Zwiebel fein gehackt
- 4 Zehen fein gehackter Knoblauch
- 1 Pfund grüne Bohnen, frisch oder gefroren, gehackt
- 1½ Teelöffel Salz, geteilt
- 1 Dose (15 Unzen) gewürfelte Tomaten
- ½ Teelöffel frisch gemahlener schwarzer Pfeffer

Titel:

Olivenöl, Zwiebel und Knoblauch erhitzen; 1 Minute kochen. Grüne Bohnen in 2-Zoll-Stücke schneiden. Die grünen Bohnen und 1 Teelöffel Salz in den Topf geben und mischen; 3 Minuten kochen. Fügen Sie die gewürfelten Tomaten, den restlichen 1/2 Teelöffel Salz und den schwarzen Pfeffer hinzu. weiter kochen für weitere 12 Minuten, gelegentlich umrühren. Heiß servieren.

Ernährung (pro 100 Gramm): 200 Kalorien 12 g Fett 18 g Kohlenhydrate 4 g Protein 639 mg Natrium

Rustikales Blumenkohl- und Karottenhasch

Zubereitungszeit: 10 Minuten.

Zeit zu Kochen: 10 Minuten

Portionen: 4

Schwierigkeitsgrad: Einfach

Zutaten:

- 3 Esslöffel natives Olivenöl extra
- 1 große Zwiebel fein gehackt
- 1 Esslöffel gehackter Knoblauch
- 2 Tassen gewürfelte Karotten
- 4 Tassen Blumenkohlstücke, gewaschen
- 1 Teelöffel Salz
- ½ Teelöffel gemahlener Kreuzkümmel

Titel:

Olivenöl, Zwiebel, Knoblauch und Karotte 3 Minuten anbraten. Schneiden Sie den Blumenkohl in 1-Zoll- oder mundgerechte Stücke. Blumenkohl, Salz und Kreuzkümmel in die Pfanne geben und mit den Karotten und Zwiebeln vermengen.

Abdecken und 3 Minuten garen. Das Gemüse zugeben und weitere 3-4 Minuten garen. Heiß servieren.

Ernährung (pro 100 Gramm): 159 Kalorien 17 g Fett 15 g Kohlenhydrate 3 g Protein 569 mg Natrium

Gebratener Blumenkohl und Tomaten

Zubereitungszeit: 5 Minuten.

Zeit zu Kochen: 25 Minuten

Portionen: 4

Schwierigkeitsgrad: mittel

Zutaten:

- 4 Tassen Blumenkohl, in 1-Zoll-Stücke geschnitten
- 6 Esslöffel natives Olivenöl extra, geteilt
- 1 Teelöffel Salz, geteilt
- 4 Tassen Kirschtomaten
- ½ Teelöffel frisch gemahlener schwarzer Pfeffer
- ½ Tasse geriebener Parmesankäse

Titel:

Ofen auf 425 ° F vorheizen. Blumenkohl, 3 Esslöffel Olivenöl und ½ Teelöffel Salz in eine große Schüssel geben und gleichmäßig verteilen. In einer gleichmäßigen Schicht auf ein mit Backpapier ausgelegtes Backblech legen.

In einer anderen großen Schüssel Tomaten, die restlichen 3 Esslöffel Olivenöl und ½ Teelöffel Salz hinzufügen und schwenken, um es gleichmäßig zu beschichten. Auf ein anderes Tablett gießen. Den Blumenkohl und die Tomatenblätter 17-20 Minuten im Ofen rösten, bis der Blumenkohl leicht gebräunt und die Tomaten prall sind.

Den Blumenkohl mit einem Pfannenwender auf einen Teller geben und mit Tomaten, schwarzem Pfeffer und Parmesan bestreuen. Heiß servieren.

Ernährung (pro 100 Gramm): 294 Kalorien 14 g Fett 13 g Kohlenhydrate 9 g Protein 493 mg Natrium

Gerösteter Eichelkürbis

Zubereitungszeit: 10 Minuten.

Zeit zu Kochen: 35 Minuten

Portionen: 6

Schwierigkeitsgrad: mittel

Zutaten:

- 2 Zucchini, mittel bis groß
- 2 Esslöffel natives Olivenöl extra
- 1 Teelöffel Salz, plus mehr zum Würzen
- 5 Esslöffel ungesalzene Butter
- ¼ Tasse gehackte Salbeiblätter
- 2 Esslöffel frische Thymianblätter
- ½ Teelöffel frisch gemahlener schwarzer Pfeffer

Titel:

Den Ofen auf 400 F vorheizen. Den Eichelkürbis der Länge nach halbieren. Die Kerne auskratzen und waagerecht in ¾ Zoll dicke Scheiben schneiden. In einer großen Schüssel den Kürbis mit Olivenöl beträufeln, mit Salz bestreuen und schwenken.

Legen Sie den Eichelkürbis auf ein Backblech. Legen Sie das Backblech in den Ofen und backen Sie den Kürbis für 20 Minuten. Den Kürbis mit einem Pfannenwender wenden und weitere 15 Minuten backen.

In einem mittelgroßen Topf die Butter bei mittlerer Hitze schmelzen. Salbei und Thymian in die geschmolzene Butter geben und 30 Sekunden kochen lassen. Die gekochten Kürbisscheiben auf einem Teller anrichten. Die Butter-Kräuter-Mischung über den Kürbis gießen. Mit Salz und schwarzem Pfeffer würzen. Heiß servieren.

Ernährung (pro 100 Gramm): 188 Kalorien 13 g Fett 16 g Kohlenhydrate 1 g Protein 836 mg Natrium

Knoblauch gerösteter Spinat

Zubereitungszeit: 5 Minuten.

Zeit zu Kochen: 10 Minuten

Portionen: 4

Schwierigkeitsgrad: Einfach

Zutaten:

- ¼ Tasse natives Olivenöl extra
- 1 große rote Zwiebel, in dünne Scheiben geschnitten
- 3 Knoblauchzehen fein gehackt
- 6 Beutel (1 Pfund) Babyspinat, gespült
- ½ Teelöffel Salz
- 1 Zitrone in Scheiben geschnitten

Titel:

Olivenöl, Zwiebel und Knoblauch in einer großen Pfanne 2 Minuten bei mittlerer Hitze anbraten. Fügen Sie eine Tüte Spinat und ½ Teelöffel Salz hinzu. Die Pfanne abdecken und den Spinat 30 Sekunden zusammenfallen lassen. Wiederholen (das Salz weglassen) und jeweils 1 Tüte Spinat hinzufügen.

Wenn der gesamte Spinat hinzugefügt wurde, den Deckel entfernen und 3 Minuten kochen lassen, damit ein Teil der Feuchtigkeit verdunsten kann. Heiß servieren und mit Zitronenschale bestreuen.

Ernährung (pro 100 Gramm): 301 Kalorien 12 g Fett 29 g Kohlenhydrate 17 g Protein 639 mg Natrium

Geröstete Zucchini mit Knoblauchminze

Zubereitungszeit: 5 Minuten.

Zeit zu Kochen: 10 Minuten

Portionen: 4

Schwierigkeitsgrad: Einfach

Zutaten:

- 3 große grüne Zucchini
- 3 Esslöffel natives Olivenöl extra
- 1 große Zwiebel fein gehackt
- 3 Knoblauchzehen fein gehackt
- 1 Teelöffel Salz
- 1 Teelöffel getrocknete Minze

Titel:

Die Zucchini in halbzentimetergroße Würfel schneiden. Olivenöl, Zwiebel und Knoblauch 3 Minuten unter ständigem Rühren anbraten.

Zucchini und Salz in die Pfanne geben und mit Zwiebel und Knoblauch mischen, 5 Minuten kochen. Minze in die Pfanne geben und mischen. Weitere 2 Minuten kochen. Heiß servieren.

Ernährung (pro 100 Gramm): 147 Kalorien 16 g Fett 12 g Kohlenhydrate 4 g Protein 723 mg Natrium

gedämpfte Okraschoten

Vorbereitungszeit: 55 Minuten

Zeit zu Kochen: 25 Minuten

Portionen: 4

Schwierigkeitsgrad: Einfach

Zutaten:

- ¼ Tasse natives Olivenöl extra
- 1 große Zwiebel fein gehackt
- 4 Zehen fein gehackter Knoblauch
- 1 Teelöffel Salz
- 1 Pfund frische oder gefrorene Okraschoten, gereinigt
- 1 Dose (15 Unzen) einfache Tomatensauce
- 2 Tassen Wasser
- ½ Tasse frischer Koriander, gehackt
- ½ Teelöffel frisch gemahlener schwarzer Pfeffer

Titel:

Olivenöl, Zwiebel, Knoblauch und Salz mischen und 1 Minute kochen. Okraschoten dazugeben und 3 Minuten kochen.

Tomatensauce, Wasser, Koriander und schwarzen Pfeffer hinzufügen; umrühren, abdecken und 15 Minuten kochen lassen, dabei gelegentlich umrühren. Heiß servieren.

Ernährung (pro 100 Gramm): 201 Kalorien 6 g Fett 18 g Kohlenhydrate 4 g Protein 693 mg Natrium

Gefüllte Paprikaschoten mit süßem Gemüse

Zubereitungszeit: 20 Minuten.

Zeit zu Kochen: 30 Minuten

Portionen: 6

Schwierigkeitsgrad: mittel

Zutaten:

- 6 große Paprika, verschiedene Farben
- 3 Esslöffel natives Olivenöl extra
- 1 große Zwiebel fein gehackt
- 3 Knoblauchzehen fein gehackt
- 1 fein gehackte Karotte
- 1 Dose (16 Unzen) Kichererbsen, gespült und abgetropft
- 3 Tassen gekochter Reis
- 1½ Teelöffel Salz
- ½ Teelöffel frisch gemahlener schwarzer Pfeffer

Titel:

Ofen auf 350 ° F vorheizen. Achten Sie darauf, Paprika zu wählen, die aufrecht stehen kann. Die Kappen der Paprikaschoten abschneiden, die Kerne entfernen und für später aufbewahren. Legen Sie die Paprika in ein Backblech.

Olivenöl, Zwiebel, Knoblauch und Karotte 3 Minuten erhitzen. Kichererbsen hinzufügen. Weitere 3 Minuten kochen. Den Topf vom Herd nehmen und die gekochten Zutaten in eine große Schüssel geben. Reis, Salz und Pfeffer hinzufügen; vermische es.

Füllen Sie jede Paprika darüber und setzen Sie dann die Paprikakappen wieder auf. Das Blech mit Alufolie auslegen und 25 Minuten backen. Folie entfernen und weitere 5 Minuten backen. Heiß servieren.

Ernährung (pro 100 Gramm): 301 Kalorien 15 g Fett 50 g Kohlenhydrate 8 g Protein 803 mg Natrium

Aubergine Mussaka

Vorbereitungszeit: 55 Minuten

Zeit zu Kochen: 40 Minuten

Portionen: 6

Schwierigkeitsgrad: Schwierig

Zutaten:

- 2 große Auberginen
- 2 Teelöffel Salz, geteilt
- Olivenöl Spray
- ¼ Tasse natives Olivenöl extra
- 2 große Zwiebeln, in Scheiben geschnitten
- 10 Knoblauchzehen, in Scheiben geschnitten
- 2 (15 Unzen) Dosen gewürfelte Tomaten
- 1 Dose (16 Unzen) Kichererbsen, gespült und abgetropft
- 1 Teelöffel getrockneter Oregano
- ½ Teelöffel frisch gemahlener schwarzer Pfeffer

Titel:

Schneiden Sie die Aubergine horizontal in ¼ Zoll dicke runde Scheiben. Die Auberginenscheiben mit 1 Teelöffel Salz bestreuen und 30 Minuten in ein Sieb geben.

Ofen auf 450 ° F vorheizen. Auberginenscheiben mit Küchenpapier trocken tupfen und beidseitig mit Olivenöl einsprühen oder leicht mit Olivenöl bepinseln.

Die Auberginen in einer Schicht in eine Auflaufform legen. In den Ofen geben und 10 Minuten backen. Dann die Scheiben mit einem Pfannenwender wenden und weitere 10 Minuten backen.

Olivenöl, Zwiebel, Knoblauch und den restlichen Teelöffel Salz anschwitzen. 5 Minuten köcheln lassen, gelegentlich umrühren. Tomaten, Kichererbsen, Oregano und schwarzen Pfeffer hinzufügen. Bei schwacher Hitze 12 Minuten köcheln lassen, dabei unregelmäßig umrühren.

Beginnen Sie in einer tiefen Kasserolle mit dem Schichten, beginnend mit der Aubergine und dann der Sauce. Wiederholen, bis alle Zutaten verbraucht sind. 20 Minuten im Ofen backen. Aus dem Ofen nehmen und warm servieren.

Ernährung (pro 100 Gramm): 262 Kalorien 11 g Fett 35 g Kohlenhydrate 8 g Protein 723 mg Natrium

Mit Gemüse gefüllte Weinblätter

Vorbereitungszeit: 50 Minuten.

Zeit zu Kochen: 45 Minuten

Portionen: 8

Schwierigkeitsgrad: mittel

Zutaten:

- 2 Tassen weißer Reis, gespült
- 2 große Tomaten, gehackt
- 1 große Zwiebel, fein gehackt
- 1 Frühlingszwiebel fein gehackt
- 1 Tasse frische italienische Petersilie, fein gehackt
- 3 Knoblauchzehen fein gehackt
- 2½ Teelöffel Salz
- ½ Teelöffel frisch gemahlener schwarzer Pfeffer
- 1 Glas (16 Unzen) Weinblätter
- 1 Tasse Zitronensaft
- ½ Tasse natives Olivenöl extra
- 4-6 Tassen Wasser

Titel:

Reis, Tomaten, Zwiebel, Frühlingszwiebel, Petersilie, Knoblauch, Salz und schwarzen Pfeffer mischen. Die Weinblätter abgießen und abspülen. Bereiten Sie einen großen Topf vor, indem Sie eine Schicht Weinblätter auf den Boden legen. Lege jedes Blatt hin und schneide den Stiel ab.

Legen Sie 2 Esslöffel Reismischung auf die Unterseite jedes Blattes. Die Seiten einklappen, dann so fest wie möglich aufrollen. Ordnen Sie die aufgerollten Weinblätter so im Behälter an, dass jedes aufgerollte Weinblatt in einer Reihe angeordnet ist. Fahre damit fort, die gerollten Weinblätter zu schichten.

Gießen Sie den Zitronensaft und das Olivenöl vorsichtig über die Weinblätter und fügen Sie genügend Wasser hinzu, um die Weinblätter 2,5 cm zu bedecken. Legen Sie einen dicken Teller, kleiner als die Öffnung des Topfes, kopfüber auf das Weinblatt. Decken Sie den Topf ab und garen Sie die Blätter bei mittlerer Hitze 45 Minuten lang. Vor dem Servieren 20 Minuten stehen lassen. Warm oder kalt servieren.

Ernährung (pro 100 Gramm): 532 Kalorien 15 g Fett 80 g Kohlenhydrate 12 g Protein 904 mg Natrium

gegrillte Auberginenrolle

Zubereitungszeit: 30 Minuten.

Zeit zu Kochen: 10 Minuten

Portionen: 6

Schwierigkeitsgrad: mittel

Zutaten:

- 2 große Auberginen
- 1 Teelöffel Salz
- 4 Unzen Ziegenkäse
- 1 Tasse Ricotta
- ¼ Tasse frischer Basilikum, gehackt
- ½ Teelöffel frisch gemahlener schwarzer Pfeffer
- Olivenöl Spray

Titel:

Schneiden Sie die Oberseite der Aubergine ab und schneiden Sie sie der Länge nach in ¼ Zoll dicke Scheiben. Die Scheiben mit Salz bestreuen und die Aubergine 15-20 Minuten in ein Sieb geben.

Ziegenkäse, Ricotta, Basilikum und Pfeffer schlagen. Heizen Sie einen Grill, eine Grillpfanne oder eine leicht geölte Pfanne bei mittlerer Hitze vor. Die Auberginenscheiben trocken tupfen und leicht mit Olivenöl besprühen. Legen Sie die Aubergine auf den Grill, die Grillplatte oder die Grillplatte und grillen Sie sie 3 Minuten lang auf jeder Seite.

Die Aubergine vom Herd nehmen und 5 Minuten abkühlen lassen. Für das Brötchen eine Auberginenscheibe flach auflegen, einen Esslöffel der Käsemischung auf den Boden der Scheibe geben und aufrollen. Sofort servieren oder bis zum Servieren kühl stellen.

Ernährung (pro 100 Gramm): 255 Kalorien 7 g Fett 19 g Kohlenhydrate 15 g Protein 793 mg Natrium

Knusprige Zucchini-Krapfen

Zubereitungszeit: 15 Minuten.

Zeit zu Kochen: 20 Minuten

Portionen: 6

Schwierigkeitsgrad: Einfach

Zutaten:

- 2 große grüne Zucchini
- 2 Esslöffel italienische Petersilie, fein gehackt
- 3 Knoblauchzehen fein gehackt
- 1 Teelöffel Salz
- 1 Tasse Mehl
- 1 großes Ei, geschlagen
- ½ Tasse Wasser
- 1 Teelöffel Backpulver
- 3 Tassen Gemüse- oder Avocadoöl

Titel:

Die Zucchini in eine große Schüssel reiben. Petersilie, Knoblauch, Salz, Mehl, Ei, Wasser und Backpulver in die Schüssel geben und vermischen. Öl in einem großen Topf oder einer Fritteuse bei mittlerer Hitze auf 365 °F erhitzen.

Geben Sie den frittierten Teig löffelweise in das heiße Öl. Mit einem Schaumlöffel die Krapfen wenden und in 2-3 Minuten goldbraun backen. Die Kartoffeln aus dem Öl abtropfen lassen und auf einen mit Küchenpapier ausgelegten Teller legen. Heiß mit cremigem Tzatziki oder cremigem traditionellem Hummus als Dip servieren.

Ernährung (pro 100 Gramm): 446 Kalorien 2 g Fett 19 g Kohlenhydrate 5 g Protein 812 mg Natrium

Spinatkuchen mit Käse

Zubereitungszeit: 20 Minuten.

Zeit zu Kochen: 40 Minuten

Portionen: 8

Schwierigkeitsgrad: Schwierig

Zutaten:

- 2 Esslöffel natives Olivenöl extra
- 1 große Zwiebel fein gehackt
- 2 Knoblauchzehen, fein gehackt
- 3 Beutel (1 Pfund) Babyspinat, gespült
- 1 Tasse Feta-Käse
- 1 großes Ei, geschlagen
- Blätterteigblätter

Titel:

Ofen auf 375°F vorheizen. Olivenöl, Zwiebel und Knoblauch 3 Minuten erhitzen. Den Spinat Beutel für Beutel in die Pfanne geben und zwischen den Beuteln zusammenfallen lassen. Mit einer Pinzette mischen. 4 Minuten kochen. Sobald der Spinat gar ist, die überschüssige Flüssigkeit aus der Pfanne auspressen.

Mischen Sie in einer großen Schüssel den Feta-Käse, das Ei und den gekochten Spinat. Den Blätterteig auf eine Arbeitsfläche legen. Schneiden Sie den Teig in 3-Zoll-Quadrate. Einen Esslöffel der Spinatmischung in die Mitte eines Blätterteigs geben. Falten Sie eine Ecke des Quadrats zur diagonalen Ecke, um ein Dreieck zu bilden. Die Ränder des Kuchens mit den Zinken einer Gabel zusammendrücken. Wiederholen, bis alle Quadrate gefüllt sind.

Legen Sie die Kuchen auf ein mit Pergamentpapier ausgelegtes Backblech und backen Sie sie 25-30 Minuten oder bis sie goldbraun sind. Warm oder bei Zimmertemperatur servieren.

Ernährung (pro 100 Gramm): 503 Kalorien 6 g Fett 38 g Kohlenhydrate 16 g Protein 836 mg Natrium

Gurke beißt

Zubereitungszeit: 5 Minuten.

Zeit zu Kochen: 0 Minuten

Portionen: 12

Schwierigkeitsgrad: Einfach

Zutaten:

- 1 geschnittene Gurke
- 8 Scheiben Vollkornbrot
- 2 Esslöffel Frischkäse, weich
- 1 Esslöffel gehackter Schnittlauch
- ¼ Tasse Avocado, geschält, entsteint und püriert
- 1 Teelöffel Senf
- Salz und schwarzer Pfeffer nach Geschmack

Titel:

Avocadopüree auf jede Brotscheibe verteilen, restliche Zutaten, außer Gurkenscheiben, darauf verteilen.

Die Gurkenscheiben auf die Brotscheiben verteilen, jede Scheibe dritteln, auf einem Teller anrichten und als Vorspeise servieren.

Ernährung (pro 100 Gramm): 187 Kalorien 12,4 g Fett 4,5 g Kohlenhydrate 8,2 g Protein 736 mg Natrium

Joghurt-Dip

Zubereitungszeit: 10 Minuten.

Zeit zu Kochen: 0 Minuten

Portionen: 6

Schwierigkeitsgrad: Einfach

Zutaten:

- 2 Tassen griechischer Joghurt
- 2 Esslöffel geröstete und gehackte Pistazien
- Eine Prise Salz und weißer Pfeffer.
- 2 Esslöffel gemahlene Minze
- 1 Esslöffel Kalamata-Oliven, entsteint und gehackt
- ¼ Tasse gewürzter Zaatar
- ¼ Tasse Granatapfelkerne
- 1/3 Tasse Olivenöl

Titel:

Joghurt mit den Pistazien und den anderen Zutaten mischen, gut vermischen, in kleine Gläser verteilen und mit Pita-Chips an der Seite servieren.

Ernährung (pro 100 Gramm): 294 Kalorien 18 g Fett 2 g Kohlenhydrate 10 g Protein 593 mg Natrium

Tomaten-Bruschetta

Zubereitungszeit: 10 Minuten.

Zeit zu Kochen: 10 Minuten

Portionen: 6

Schwierigkeitsgrad: Einfach

Zutaten:

- 1 Baguette, in Scheiben geschnitten
- 1/3 Tasse gehacktes Basilikum
- 6 Tomaten, gewürfelt
- 2 Knoblauchzehen, fein gehackt
- Eine Prise Salz und schwarzer Pfeffer.
- 1 Teelöffel Olivenöl
- 1 Esslöffel Balsamico-Essig
- ½ Teelöffel Knoblauchpulver
- Kochspray

Titel:

Die Baguettescheiben auf ein mit Backpapier ausgelegtes Backblech legen und mit Kochspray bestreichen. 10 Minuten bei 400 Grad backen.

Die Tomaten mit dem Basilikum und den anderen Zutaten mischen, gut mischen und 10 Minuten stehen lassen. Die Tomatenmischung auf jede Baguettescheibe verteilen, auf einem Teller anrichten und servieren.

Ernährung (pro 100 Gramm): 162 Kalorien 4 g Fett 29 g Kohlenhydrate 4 g Protein 736 mg Natrium

Tomaten gefüllt mit Oliven und Käse

Zubereitungszeit: 10 Minuten.

Zeit zu Kochen: 0 Minuten

Portionen: 24

Schwierigkeitsgrad: Einfach

Zutaten:

- 24 Kirschtomaten, oben abschneiden und das Innere aushöhlen
- 2 Esslöffel Olivenöl
- ¼ Teelöffel rote Paprikaflocken
- ½ Tasse Feta-Käse, zerbröckelt
- 2 Esslöffel schwarze Olivenpaste
- ¼ Tasse Minze, zerrissen

Titel:

In einer Schüssel die Olivenpaste mit den restlichen Zutaten, außer den Kirschtomaten, mischen und gut vermischen. Kirschtomaten damit füllen, in eine Schüssel geben und als Vorspeise servieren.

Ernährung (pro 100 Gramm): 136 Kalorien 8,6 g Fett 5,6 g Kohlenhydrate 5,1 g Protein 648 mg Natrium

Pfeffer-Tapenade

Zubereitungszeit: 10 Minuten.

Zeit zu Kochen: 0 Minuten

Portionen: 4

Schwierigkeitsgrad: Einfach

Zutaten:

- 7 Unzen geröstete rote Paprika, gewürfelt
- ½ Tasse geriebener Parmesan
- 1/3 Tasse gehackte Petersilie
- 14 Unzen Artischocken aus der Dose, abgetropft und gehackt
- 3 Esslöffel Olivenöl
- ¼ Tasse Kapern, abgetropft
- 1 ½ Esslöffel Zitronensaft
- 2 Knoblauchzehen, fein gehackt

Titel:

In einem Mixer die rote Paprika mit dem Parmesan und den anderen Zutaten mischen und gut pürieren. Auf Gläser verteilen und als Snack servieren.

Ernährung (pro 100 Gramm): 200 Kalorien 5,6 g Fett 12,4 g Kohlenhydrate 4,6 g Protein 736 mg Natrium

Koriander Falafel

Zubereitungszeit: 10 Minuten.

Zeit zu Kochen: 10 Minuten

Portionen: 8

Schwierigkeitsgrad: Einfach

Zutaten:

- 1 Tasse Kichererbsen aus der Dose
- 1 Bund Petersilienblätter
- 1 gelbe Zwiebel fein gehackt
- 5 gehackte Knoblauchzehen
- 1 Teelöffel gemahlener Koriander
- Eine Prise Salz und schwarzer Pfeffer.
- ¼ Teelöffel Cayennepfeffer
- ¼ Teelöffel Natron
- ¼ Teelöffel Kreuzkümmelpulver
- 1 Teelöffel Zitronensaft.
- 3 Esslöffel Tapiokamehl
- Olivenöl zum Braten

Titel:

In einer Küchenmaschine die Bohnen mit der Petersilie, der Zwiebel und allen anderen Zutaten außer dem Öl und dem Mehl mischen und gut vermischen. Masse in eine Schüssel geben, Mehl dazugeben, gut vermischen, aus dieser Masse 16 kleine Kugeln formen und etwas flach drücken.

Die Pfanne bei mittlerer Hitze erhitzen, die Falafelhälften dazugeben, 5 Minuten auf jeder Seite braten, auf Küchenpapier legen, überschüssiges Fett abtropfen lassen, auf einem Teller anrichten und als Vorspeise servieren.

Ernährung (pro 100 Gramm): 122 Kalorien 6,2 g Fett 12,3 g Kohlenhydrate 3,1 g Protein 699 mg Natrium

Paprika-Hummus

Zubereitungszeit: 10 Minuten.

Zeit zu Kochen: 0 Minuten

Portionen: 6

Schwierigkeitsgrad: Einfach

Zutaten:

- 6 Unzen geröstete rote Paprika, geschält und gehackt
- 16 Unzen Kichererbsen aus der Dose, abgetropft und gespült
- ¼ Tasse griechischer Joghurt
- 3 Esslöffel Tahini-Paste
- Saft von 1 Zitrone
- 3 Knoblauchzehen fein gehackt
- 1 Esslöffel Olivenöl
- Eine Prise Salz und schwarzer Pfeffer.
- 1 Esslöffel gehackte Petersilie

Titel:

In einer Küchenmaschine die rote Paprika mit den restlichen Zutaten außer dem Öl und der Petersilie mischen und gut pürieren. Das Öl hinzufügen, erneut schwenken, auf Gläser verteilen, die Petersilie darüber streuen und als halbes Tuch servieren.

Ernährung (pro 100 Gramm): 255 Kalorien 11,4 g Fett 17,4 g Kohlenhydrate 6,5 g Protein 593 mg Natrium

weißer Bohnendip

Zubereitungszeit: 10 Minuten.

Zeit zu Kochen: 0 Minuten

Portionen: 4

Schwierigkeitsgrad: Einfach

Zutaten:

- 15 Unzen weiße Bohnen aus der Dose, abgetropft und gespült
- 6 Unzen Artischockenherzen aus der Dose, abgetropft und geviertelt
- 4 Knoblauchzehen, gehackt
- 1 Esslöffel gehacktes Basilikum
- 2 Esslöffel Olivenöl
- Saft von ½ Zitrone
- ½ abgeriebene Zitronenschale
- Salz und schwarzer Pfeffer nach Geschmack

Titel:

In der Küchenmaschine die Bohnen mit den Artischocken und den restlichen Zutaten außer dem Öl und den Hülsenfrüchten mischen. Das Öl nach und nach dazugeben, die Masse nochmals andrücken, in Tassen verteilen und als Dip servieren.

Ernährung (pro 100 Gramm): 27 Kalorien 11,7 g Fett 18,5 g Kohlenhydrate 16,5 g Protein 668 mg Natrium

Hummus mit gehacktem Lamm

Zubereitungszeit: 10 Minuten.

Zeit zu Kochen: 15 Minuten

Portionen: 8

Schwierigkeitsgrad: Einfach

Zutaten:

- 10 Unzen Hummus
- 12 Unzen gemahlenes Lamm
- ½ Tasse Granatapfelkerne
- ¼ Tasse gehackte Petersilie
- 1 Esslöffel Olivenöl
- Mit Pita-Chips servieren

Titel:

Erhitzen Sie die Pfanne bei mittlerer Hitze, fügen Sie das Fleisch hinzu und kochen Sie es 15 Minuten lang unter häufigem Rühren. Den Hummus auf einem Teller verteilen, mit Lammhackfleisch bestreuen, mit Granatapfelkernen und Petersilie bestreuen und mit Pita-Chips als Snack servieren.

Ernährung (pro 100 Gramm): 133 Kalorien 9,7 g Fett 6,4 g Kohlenhydrate 5,4 g Protein 659 mg Natrium

Auberginen-Dip

Zubereitungszeit: 10 Minuten.

Zeit zu Kochen: 40 Minuten

Portionen: 4

Schwierigkeitsgrad: Einfach

Zutaten:

- 1 Aubergine, mit einer Gabel in kleine Stücke geschnitten
- 2 Esslöffel Tahini-Paste
- 2 Esslöffel Zitronensaft
- 2 Knoblauchzehen, fein gehackt
- 1 Esslöffel Olivenöl
- Salz und schwarzer Pfeffer nach Geschmack
- 1 Esslöffel gehackte Petersilie

Titel:

Legen Sie die Auberginen in eine Auflaufform, backen Sie sie 40 Minuten lang bei 400 F, kühlen Sie sie ab, schälen Sie sie und geben Sie sie in eine Küchenmaschine. Mit Ausnahme der Petersilie die anderen Zutaten mischen, gut polieren, in kleine Schälchen verteilen und mit Petersilie bestreut als Vorspeise servieren.

Ernährung (pro 100 Gramm): 121 Kalorien 4,3 g Fett 1,4 g Kohlenhydrate 4,3 g Protein 639 mg Natrium

Gemüsepfanne

Zubereitungszeit: 10 Minuten.

Zeit zu Kochen: 10 Minuten

Portionen: 8

Schwierigkeitsgrad: Einfach

Zutaten:

- 2 Knoblauchzehen, fein gehackt
- 2 gelbe Zwiebeln fein gehackt
- 4 fein gehackte Frühlingszwiebeln
- 2 geriebene Karotten
- 2 Teelöffel gemahlener Kreuzkümmel
- ½ Teelöffel Kurkumapulver
- Salz und schwarzer Pfeffer nach Geschmack
- ¼ Teelöffel gemahlener Koriander
- 2 Esslöffel gehackte Petersilie
- ¼ Teelöffel Zitronensaft
- ½ Tasse Mandelmehl
- 2 Rüben, geschält und gerieben
- 2 geschlagene Eier
- ¼ Tasse Tapiokamehl
- 3 Esslöffel Olivenöl

Titel:

In einer Schüssel den Knoblauch mit der Zwiebel, der Frühlingszwiebel und den restlichen Zutaten bis auf das Öl mischen, gut vermischen und mit dieser Mischung mittelgroße Würfel formen.

Die Pfanne bei mittlerer Hitze erhitzen, die Krapfen darauf legen, 5 Minuten auf jeder Seite braten, in eine Schüssel geben und servieren.

Ernährung (pro 100 Gramm): 209 Kalorien 11,2 g Fett 4,4 g Kohlenhydrate 4,8 g Protein 726 mg Natrium

Bulgur-Lammfleischbällchen

Zubereitungszeit: 10 Minuten.

Zeit zu Kochen: 15 Minuten

Portionen: 6

Schwierigkeitsgrad: Einfach

Zutaten:

- 1 ½ Tassen griechischer Joghurt
- ½ Teelöffel Kreuzkümmel, gemahlen
- 1 Tasse Gurke, gerieben
- ½ Teelöffel gehackter Knoblauch
- Eine Prise Salz und schwarzer Pfeffer.
- 1 Tasse Bulgur
- 2 Tassen Wasser
- 1 Kilo Lamm, gehackt
- ¼ Tasse gehackte Petersilie
- ¼ Tasse gehackte Schalotten
- ½ Teelöffel Piment, gemahlen
- ½ Teelöffel gemahlener Zimt
- 1 Esslöffel Olivenöl

Titel:

Den Bulgur mit dem Wasser verrühren, die Schüssel abdecken, 10 Minuten stehen lassen, abgießen und in eine Schüssel füllen. Fleisch, Joghurt und die restlichen Zutaten außer dem Öl dazugeben, gut vermischen und daraus mittelgroße Frikadellen formen. Die Pfanne bei mittlerer Hitze erhitzen, die Fleischbällchen darauf legen, jede Seite 7 Minuten braten, in eine Schüssel geben und als Vorspeise servieren.

Ernährung (pro 100 Gramm): 300 Kalorien 9,6 g Fett 22,6 g Kohlenhydrate 6,6 g Protein 644 mg Natrium

Gurke beißt

Zubereitungszeit: 10 Minuten.

Zeit zu Kochen: 0 Minuten

Portionen: 12

Schwierigkeitsgrad: Einfach

Zutaten:

- 1 englische Gurke, in 32 Scheiben geschnitten
- 10 Unzen Hummus
- 16 Kirschtomaten, halbiert
- 1 Esslöffel gehackte Petersilie
- 1 Unze Feta-Käse, zerbröckelt

Titel:

Jeden Gurkenkreis mit Hummus bestreichen, jeweils Tomatenhälften teilen, mit Käse und Petersilie bestreuen und als Vorspeise servieren.

Ernährung (pro 100 Gramm): 162 Kalorien 3,4 g Fett 6,4 g Kohlenhydrate 2,4 g Protein 702 mg Natrium

Gefüllte Avocado

Zubereitungszeit: 10 Minuten.

Zeit zu Kochen: 0 Minuten

Portionen: 2

Schwierigkeitsgrad: Einfach

Zutaten:

- 1 Avocado halbiert und entkernt
- 10 oz Dose Thunfisch, abgetropft
- 2 Esslöffel sonnengetrocknete Tomaten, gehackt
- 1 ½ Esslöffel Basilikumpesto
- 2 Esslöffel schwarze Oliven, entsteint und gehackt
- Salz und schwarzer Pfeffer nach Geschmack
- 2 Teelöffel geröstete und gehackte Pinienkerne
- 1 Esslöffel gehacktes Basilikum

Titel:

Den Thunfisch mit den sonnengetrockneten Tomaten und den restlichen Zutaten, außer der Avocado, mischen und mischen. Die Avocadohälften mit der Thunfischmischung füllen und als Vorspeise servieren.

Ernährung (pro 100 Gramm): 233 Kalorien 9 g Fett 11,4 g Kohlenhydrate 5,6 g Protein 735 mg Natrium

verpackte Pflaumen

Zubereitungszeit: 5 Minuten.

Zeit zu Kochen: 0 Minuten

Portionen: 8

Schwierigkeitsgrad: Einfach

Zutaten:

- 2 Unzen Prosciutto, in 16 Stücke geschnitten
- 4 Pflaumen geviertelt
- 1 Esslöffel gehackter Schnittlauch
- Eine Prise gemahlene Paprikaflocken

Titel:

Wickeln Sie jedes Pflaumenviertel in eine Schinkenscheibe, legen Sie es auf eine Platte, bestreuen Sie es mit Frühlingszwiebeln und Paprikaflocken und servieren Sie es.

Ernährung (pro 100 Gramm): 30 Kalorien 1 g Fett 4 g Kohlenhydrate 2 g Protein 439 mg Natrium

Marinierter Feta und Artischocke

Vorbereitungszeit: 10 Minuten plus 4 Stunden Inaktivität

Zeit zu Kochen: 10 Minuten

Portionen: 2

Schwierigkeitsgrad: Einfach

Zutaten:

- 4 Unzen traditioneller griechischer Feta-Käse, in ½-Zoll-Würfel geschnitten
- 4 Unzen entwässerte Artischockenherzen, längs geviertelt
- 1/3 Tasse natives Olivenöl extra
- Schale und Saft von 1 Zitrone
- 2 Esslöffel grob gehackter frischer Rosmarin
- 2 Esslöffel gehackte frische Petersilie
- ½ Teelöffel schwarzer Pfeffer

Titel:

Feta-Käse und Artischockenherzen in einer Glasschüssel mischen. Olivenöl, Zitronenschale und -saft, Rosmarin, Petersilie und Pfefferkörner hinzugeben und vorsichtig umrühren, damit der Feta nicht zerbröselt.

Kühlen Sie für 4 Stunden oder bis zu 4 Tage. 30 Minuten vor dem Servieren aus dem Kühlschrank nehmen.

Ernährung (pro 100 Gramm): 235 Kalorien 23 g Fett 1 g Kohlenhydrate 4 g Protein 714 mg Natrium

Thunfisch-Krokette

Vorbereitungszeit: 40 Minuten plus Stunden über Nacht zum Abkühlen

Zeit zu Kochen: 25 Minuten

Portionen: 36

Schwierigkeitsgrad: Schwierig

Zutaten:

- 6 Esslöffel natives Olivenöl extra, plus 1-2 Tassen
- 5 Esslöffel Mandelmehl, plus 1 Tasse, geteilt
- 1¼ Tassen Sahne
- 1 Dose (4 oz.) Gelbflossen-Thunfisch in Olivenöl gewickelt
- 1 Esslöffel gehackte rote Zwiebel
- 2 Teelöffel gehackte Kapern
- ½ Teelöffel getrockneter Dill
- ¼ Teelöffel frisch gemahlener schwarzer Pfeffer
- 2 große Eier
- 1 Tasse Panko Paniermehl (oder glutenfreie Version)

Titel:

6 Esslöffel Olivenöl in einer großen Pfanne bei mittlerer bis niedriger Hitze erhitzen. Fügen Sie 5 Esslöffel Mandelmehl hinzu und kochen Sie unter ständigem Rühren 2-3 Minuten lang, bis eine glatte Paste entsteht und das Mehl leicht gebräunt ist.

Drehen Sie die Hitze auf mittelhoch und rühren Sie nach und nach die Sahne unter ständigem Rühren ein, bis sie vollständig glatt und dick ist, weitere 4-5 Minuten. Entfernen und fügen Sie Thunfisch, rote Zwiebel, Kapern, Dill und Pfeffer hinzu.

Legen Sie die Mischung in eine quadratische 8-Zoll-Auflaufform, die gut mit Olivenöl bestrichen ist, und stellen Sie sie bei Raumtemperatur beiseite. Wickeln und 4 Stunden oder bis über Nacht im Kühlschrank lagern. Ordnen Sie drei Schalen an, um die Krokette zu formen. Schlagen Sie die Eier in einem. In einem anderen das restliche Mandelmehl hinzufügen. In der dritten das Panko hinzufügen. Ein Blech mit Backpapier auslegen.

Geben Sie einen Esslöffel kalt zubereiteten Teig in die Mehlmischung und rollen Sie ihn auf. Schütteln Sie den Überschuss ab und rollen Sie ihn von Hand zu einem Oval.

Tauchen Sie die Krokette in das geschlagene Ei und bestreichen Sie sie dann dünn mit Panko. Auf ein mit Backpapier ausgelegtes Blech legen und mit dem restlichen Teig wiederholen.

In einer kleinen Pfanne die restlichen 1-2 Tassen Olivenöl bei mittlerer Hitze erhitzen.

Wenn das Öl heiß ist, die Kroketten je nach Größe der Pfanne 3-4 Mal auf einmal braten, dann mit einer Schaumkelle herausnehmen, wenn sie goldbraun sind. Sie müssen die Temperatur des Öls von Zeit zu Zeit anpassen, um ein Anbrennen zu vermeiden. Wenn der Teig zu schnell bräunt, reduzieren Sie die Temperatur.

Ernährung (pro 100 Gramm): 245 Kalorien 22 g Fett 1 g Kohlenhydrate 6 g Protein 801 mg Natrium

Räucherlachs roh

Zubereitungszeit: 10 Minuten.

Zeit zu Kochen: 15 Minuten

Portionen: 4

Schwierigkeitsgrad: Einfach

Zutaten:

- 6 Unzen geräucherter Wildlachs
- 2 Esslöffel geröstete Knoblauch-Aioli
- 1 Esslöffel Dijon-Senf
- 1 Esslöffel gehackter Schnittlauch, nur grüne Teile
- 2 Teelöffel gehackte Kapern
- ½ Teelöffel getrockneter Dill
- 4 Endivienstangen oder Römersalatherzen
- ½ englische Gurke, in ¼ Zoll dicke Scheiben geschnitten

Titel:

Räucherlachs in große Würfel schneiden und in eine kleine Schüssel geben. Aioli, Dijon, Frühlingszwiebeln, Kapern und Dill hinzugeben und gut vermischen. Den Endivienstiel und die Gurkenscheiben mit einem Esslöffel der Räucherlachsmischung bestreichen und kalt essen.

Ernährung (pro 100 Gramm): 92 Kalorien 5 g Fett 1 g Kohlenhydrate 9 g Protein 714 mg Natrium

Marinierte Oliven mit Zitrusfrüchten

Vorbereitungszeit: 4 Stunden.

Zeit zu Kochen: 0 Minuten

Portionen: 2

Schwierigkeitsgrad: Einfach

Zutaten:

- 2 Tassen entsteinte gemischte grüne Oliven
- ¼ Tasse Rotweinessig
- ¼ Tasse natives Olivenöl extra
- 4 Zehen fein gehackter Knoblauch
- 1 große Orange schälen und entsaften
- 1 Teelöffel rote Paprikaflocken
- 2 Lorbeerblätter
- ½ Teelöffel gemahlener Kreuzkümmel
- ½ Teelöffel gemahlener Piment

Titel:

Oliven, Essig, Öl, Knoblauch, Orangenschale und -saft, Paprikaflocken, Lorbeerblätter, Kreuzkümmel und Piment hinzugeben und gut vermischen. Abdecken und 4 Stunden oder bis zu einer Woche im Kühlschrank lagern, damit die Oliven marinieren und vor dem Servieren erneut umrühren können.

Ernährung (pro 100 Gramm): 133 Kalorien 14 g Fett 2 g Kohlenhydrate 1 g Protein 714 mg Natrium

Oliven-Tapenade-Sardellen

Vorbereitungszeit: 1 Stunde 10 Minuten

Zeit zu Kochen: 0 Minuten

Portionen: 2

Schwierigkeitsgrad: mittel

Zutaten:

- 2 Tassen entkernte Kalamata-Oliven oder andere schwarze Oliven
- 2 fein gehackte Sardellenfilets
- 2 Teelöffel gehackte Kapern
- 1 Knoblauchzehe fein gehackt
- 1 gekochtes Eigelb
- 1 Teelöffel Dijon-Senf
- ¼ Tasse natives Olivenöl extra
- Runde, vielseitige Snacks oder Gemüse zum Servieren (optional)

Titel:

Oliven kalt abspülen und gut abtropfen lassen. Geben Sie die abgetropften Oliven, Sardellen, Kapern, Knoblauch, Eigelb und Dijon in eine Küchenmaschine, einen Mixer oder einen großen Krug (bei Verwendung eines Stabmixers). Bilden Sie kontinuierlich eine dicke Paste. Während des Laufens das Olivenöl nach und nach hinzugeben.

In eine kleine Schüssel geben, abdecken und mindestens 1 Stunde kühl stellen, damit sich die Aromen entfalten können. Servieren Sie es mit Crackern mit Kernen, auf einem vielseitigen runden Sandwich oder mit Ihrem knusprigen Lieblingsgemüse.

Ernährung (pro 100 Gramm): 179 Kalorien 19 g Fett 2 g Kohlenhydrate 2 g Protein 82 mg Natrium

Griechische Teufelseier

Vorbereitungszeit: 45 Minuten.

Zeit zu Kochen: 15 Minuten

Portionen: 4

Schwierigkeitsgrad: Einfach

Zutaten:

- 4 große hartgekochte Eier
- 2 Esslöffel geröstete Knoblauch-Aioli
- ½ Tasse fein zerkrümelter Feta-Käse
- 8 entkernte und gehackte Kalamata-Oliven
- 2 Esslöffel gehackte sonnengetrocknete Tomaten
- 1 Esslöffel gehackte rote Zwiebel
- ½ Teelöffel getrockneter Dill
- ¼ Teelöffel frisch gemahlener schwarzer Pfeffer

Titel:

Die hartgekochten Eier längs halbieren, das Eigelb entfernen und das Eigelb in eine mittelgroße Schüssel geben. Die Hälfte des Eiweißes beiseite stellen und beiseite stellen. Das Eigelb mit einer Gabel gut zerdrücken. Aioli, Feta-Käse, Oliven, getrocknete Tomaten, Zwiebel, Dill und Pfeffer hinzugeben und glatt und cremig mixen.

Gießen Sie die Füllung in jede Eiweißhälfte und stellen Sie sie abgedeckt 30 Minuten oder bis zu 24 Stunden lang in den Kühlschrank.

Ernährung (pro 100 Gramm): 147 Kalorien 11 g Fett 6 g Kohlenhydrate 9 g Protein 736 mg Natrium

La Mancha Kekse

Vorbereitungszeit: 1 Stunde 15 Minuten

Zeit zu Kochen: 15 Minuten

Portionen: 20

Schwierigkeitsgrad: Schwierig

Zutaten:

- 4 Esslöffel Butter bei Raumtemperatur
- 1 Tasse fein geriebener Manchego-Käse
- 1 Tasse Mandelmehl
- 1 Teelöffel Salz, geteilt
- ¼ Teelöffel frisch gemahlener schwarzer Pfeffer
- 1 großes Ei

Titel:

Butter und geriebenen Käse mit einem elektrischen Mixer schlagen, bis alles gut vermischt ist. Mandelmehl mit ½ Teelöffel Salz und Pfeffer mischen. Die Mandelmehlmischung nach und nach unter ständigem Rühren zum Käse geben, bis der Teig eine Kugel bildet.

Legen Sie ein Stück Pergament oder Plastikfolie aus und rollen Sie es zu einem zylindrischen Stamm von etwa 1,5 Zoll Dicke auf. Gut verschließen und mindestens 1 Stunde einfrieren. Ofen auf 350° F vorheizen. 2 Backbleche mit Pergamentpapier oder Silikonbackblechen auslegen.

Um das geschlagene Ei zuzubereiten, mischen Sie das Ei und den restlichen ½ Teelöffel Salz. Den gekühlten Teig in kleine, etwa ¼ Zoll dicke Scheiben schneiden und auf ein mit Backpapier ausgelegtes Backblech legen.

Die Oberseite der Kekse mit dem Ei bestreichen und backen, bis die Kekse goldbraun und knusprig sind. Zum Abkühlen auf ein Kuchengitter legen.

Warm servieren oder, wenn es vollständig abgekühlt ist, bis zu 1 Woche in einem luftdichten Behälter im Kühlschrank aufbewahren.

Ernährung (pro 100 Gramm): 243 Kalorien 23 g Fett 1 g Kohlenhydrate 8 g Protein 804 mg Natrium

Burrata Caprese-Stapel

Zubereitungszeit: 5 Minuten.

Zeit zu Kochen: 0 Minuten

Portionen: 4

Schwierigkeitsgrad: Einfach

Zutaten:

- 1 große Bio-Tomate, am besten Erbstück
- ½ Teelöffel Salz
- ¼ Teelöffel frisch gemahlener schwarzer Pfeffer
- 1 Kugel (4 Unzen) Burrata-Käse
- 8 dünn geschnittene frische Basilikumblätter
- 2 Esslöffel natives Olivenöl extra
- 1 EL Rotwein oder Balsamico-Essig

Titel:

Tomaten in 4 dicke Scheiben schneiden, Strunk vom harten Kern lösen und mit Salz und Pfeffer bestreuen. Die Tomaten mit der gewürzten Seite nach oben auf einen Teller legen. Schneiden Sie die Burrata auf einem separaten Teller mit Rand in 4 dicke Scheiben und legen Sie eine Scheibe auf jede Tomatenscheibe. Jeweils ein Viertel des Basilikums darauf verteilen und die beiseitegelegte Burrata-Creme aus der umrandeten Form löffeln.

Mit Olivenöl und Essig beträufeln, dann mit Gabel und Messer servieren.

Ernährung (pro 100 Gramm): 153 Kalorien 13 g Fett 1 g Kohlenhydrate 7 g Protein 633 mg Natrium

Gebratener Zucchini-Ricotta mit Zitronen-Knoblauch-Aioli

Vorbereitungszeit: 10 Minuten plus 20 Minuten Pause

Zeit zu Kochen: 25 Minuten

Portionen: 4

Schwierigkeitsgrad: Schwierig

Zutaten:

- 1 große oder 2 kleine/mittelgroße Zucchini
- 1 Teelöffel Salz, geteilt
- ½ Tasse Vollmilch-Ricotta-Käse
- 2 Frühlingszwiebeln
- 1 großes Ei
- 2 Knoblauchzehen fein gehackt
- 2 Esslöffel gehackte frische Minze (optional)
- 2 Teelöffel Zitronenschale
- ¼ Teelöffel frisch gemahlener schwarzer Pfeffer
- ½ Tasse Mandelmehl
- 1 Teelöffel Backpulver
- 8 Esslöffel natives Olivenöl extra
- 8 Esslöffel geröstete Knoblauch-Aioli oder Avocadoöl-Mayonnaise

Titel:

Legen Sie die geraspelte Zucchini in ein Sieb oder auf mehrere Lagen Küchenpapier. Mit ½ Teelöffel Salz bestreuen und 10 Minuten stehen lassen. Drücken Sie die Zucchini mit einer weiteren Schicht Küchenpapier, um überschüssige Feuchtigkeit freizusetzen, und tupfen Sie sie trocken. Abgetropfte Zucchini, Ricotta, Frühlingszwiebeln, Ei, Knoblauch, Minze (falls verwendet), Zitronenschale, restlichen ½ Teelöffel Salz und Pfeffer einrühren.

Mandelmehl und Backpulver schaumig rühren. Die Mehlmischung zur Zucchinimischung geben und 10 Minuten ruhen lassen. Braten Sie die Krapfen in einer großen Pfanne und arbeiten Sie dabei in vier Portionen. Erhitzen Sie für jede Charge von vier 2 Esslöffel Olivenöl bei mittlerer bis hoher Hitze. Fügen Sie 1 gehäuften Esslöffel Zucchini-Teig pro Rührei hinzu und drücken Sie mit der Rückseite eines Löffels nach unten, um ein 2- bis 3-Zoll-Rührei zu bilden. Abdecken und vor dem Wenden 2 Minuten rösten. Zugedeckt weitere 2-3 Minuten backen oder bis sie knusprig, goldbraun und durchgegart sind. Möglicherweise müssen Sie die Hitze auf mittlere Stufe reduzieren, um ein Anbrennen zu vermeiden. Aus der Pfanne nehmen und warm halten.

Wiederholen Sie dies für die restlichen drei Chargen und verwenden Sie für jede Charge 2 Esslöffel Olivenöl. Die Krapfen heiß mit Aioli servieren.

Ernährung (pro 100 Gramm): 448 Kalorien 42 g Fett 2 g Kohlenhydrate 8 g Protein 744 mg Natrium

Mit Lachs gefüllte Gurke

Zubereitungszeit: 10 Minuten.

Zeit zu Kochen: 0 Minuten

Portionen: 4

Schwierigkeitsgrad: Einfach

Zutaten:

- 2 große Gurken, geschält
- 1 Dose (4 Unzen) Rotlachs
- 1 sehr reife mittelgroße Avocado
- 1 Esslöffel natives Olivenöl extra
- Schale und Saft von 1 Limette
- 3 Esslöffel gehackter frischer Koriander
- ½ Teelöffel Salz
- ¼ Teelöffel frisch gemahlener schwarzer Pfeffer

Titel:

Schneiden Sie die Gurke in 2,5 cm dicke Scheiben und kratzen Sie mit einem Löffel die Samen aus der Mitte jeder Scheibe und legen Sie sie auf einen Teller. In einer mittelgroßen Schüssel Lachs, Avocado, Olivenöl, Limettenschale und -saft, Koriander, Salz und Pfeffer mischen und cremig rühren.

Die Lachsmischung in die Mitte jedes Gurkenstücks geben und kalt servieren.

Ernährung (pro 100 Gramm): 159 Kalorien 11 g Fett 3 g Kohlenhydrate 9 g Protein 739 mg Natrium

Ziegenkäse und Makrelenpastete

Zubereitungszeit: 10 Minuten.

Zeit zu Kochen: 0 Minuten

Portionen: 4

Schwierigkeitsgrad: Einfach

Zutaten:

- 4 Unzen wilde Makrele in Olivenöl gewickelt
- 2 Unzen Ziegenkäse
- Schale und Saft von 1 Zitrone
- 2 Esslöffel gehackte frische Petersilie
- 2 Esslöffel gehackter frischer Rucola
- 1 Esslöffel natives Olivenöl extra
- 2 Teelöffel gehackte Kapern
- 1-2 Teelöffel frischer Meerrettich (optional)
- Cracker, geschnittene Gurke, Endivie oder Sellerie, zum Servieren (optional)

Titel:

Mischen Sie in einer Küchenmaschine, einem Mixer oder einer großen Schüssel Makrele, Ziegenkäse, Zitronenschale und -saft, Petersilie, Rucola, Olivenöl, Kapern und Meerrettich (falls verwendet). Verarbeiten oder pürieren, bis es glatt und cremig ist.

Mit Crackern, Gurkenscheiben, Endivie oder Sellerie servieren. Zugedeckt im Kühlschrank bis zu 1 Woche haltbar.

Ernährung (pro 100 Gramm): 118 Kalorien 8 g Fett 6 g Kohlenhydrate 9 g Protein 639 mg Natrium

Der Geschmack mediterraner Fettbomben

Vorbereitungszeit: 4 Stunden 15 Minuten

Zeit zu Kochen: 0 Minuten

Portionen: 6

Schwierigkeitsgrad: mittel

Zutaten:

- 1 Tasse zerbröselter Ziegenkäse
- 4 Esslöffel Pesto aus dem Glas
- 12 entkernte Kalamata-Oliven, gehackt
- ½ Tasse fein gehackte Walnüsse
- 1 Esslöffel gehackter frischer Rosmarin

Titel:

Ziegenkäse, Pesto und Oliven in einer mittelgroßen Schüssel vermengen und dann mit einer Gabel gut vermischen. Zum Festwerden 4 Stunden einfrieren.

Mit den Händen die Masse zu 6 Kugeln mit einem Durchmesser von etwa ¾ Zoll formen. Die Mischung wird klebrig sein.

Walnüsse und Rosmarin in eine kleine Schüssel geben und Ziegenkäsebällchen in der Walnussmischung wälzen, um sie zu bestreichen. Bewahren Sie Fettbomben bis zu 1 Woche im Kühlschrank oder bis zu 1 Monat im Gefrierschrank auf.

Ernährung (pro 100 Gramm): 166 Kalorien 15 g Fett 1 g Kohlenhydrate 5 g Protein 736 mg Natrium

Avocado-Gazpacho

Zubereitungszeit: 15 Minuten.

Zeit zu Kochen: 10 Minuten

Portionen: 4

Schwierigkeitsgrad: Einfach

Zutaten:

- 2 Tassen gehackte Tomaten
- 2 große reife Avocados, halbiert und entkernt
- 1 große Gurke, geschält und entkernt
- 1 mittelgroße Paprika (rot, orange oder gelb), fein gehackt
- 1 Tasse griechischer Vollmilchjoghurt
- ¼ Tasse natives Olivenöl extra
- ¼ Tasse gehackter frischer Koriander
- ¼ Tasse gehackte Frühlingszwiebeln, nur grüne Teile
- 2 Esslöffel Rotweinessig
- Saft von 2 Limetten oder 1 Zitrone
- ½ bis 1 Teelöffel Salz
- ¼ Teelöffel frisch gemahlener schwarzer Pfeffer

Titel:

Mit einem Mixer Tomaten, Avocado, Gurke, Paprika, Joghurt, Olivenöl, Koriander, Frühlingszwiebeln, Essig und Limettensaft vermengen. Mischen, bis glatt.

Würzen und umrühren, um die Aromen zu kombinieren. Kalt servieren.

Ernährung (pro 100 Gramm): 392 Kalorien 32 g Fett 9 g Kohlenhydrate 6 g Protein 694 mg Natrium

Crab Cake Salatbecher

Vorbereitungszeit: 35 Minuten.

Zeit zu Kochen: 20 Minuten

Portionen: 4

Schwierigkeitsgrad: mittel

Zutaten:

- 1 Kilo Riesenkrabbe
- 1 großes Ei
- 6 Esslöffel geröstete Knoblauch-Aioli
- 2 Esslöffel Dijon-Senf
- ½ Tasse Mandelmehl
- ¼ Tasse gehackte rote Zwiebel
- 2 Teelöffel geräucherter Paprika
- 1 Teelöffel Selleriesalz
- 1 Teelöffel Knoblauchpulver
- 1 Teelöffel getrockneter Dill (optional)
- ½ Teelöffel frisch gemahlener schwarzer Pfeffer
- ¼ Tasse natives Olivenöl extra
- 4 große Bibb-Salatblätter, dicke Stacheln entfernt

Titel:

Das Krabbenfleisch in eine große Schüssel geben und alle sichtbaren Schalen aushöhlen, dann das Fleisch mit einer Gabel zerkleinern. In einer kleinen Schüssel das Ei, 2 Esslöffel Aioli und Dijon-Senf vermischen. Zum Krabbenfleisch geben und mit einer

Gabel vermengen. Mandelmehl, rote Zwiebel, Paprika, Selleriesalz, Knoblauchpulver, Dill (falls verwendet), Pfeffer hinzufügen und gut mischen. 10-15 Minuten bei Zimmertemperatur stehen lassen.

8 kleine Kuchen mit einem Durchmesser von etwa 2 cm formen. Das Olivenöl bei mittlerer Hitze erhitzen. Backen Sie die Kuchen, bis sie goldbraun sind, 2-3 Minuten pro Seite. Abdecken, Hitze auf niedrig reduzieren und weitere 6-8 Minuten kochen, oder bis sie in der Mitte fest geworden sind. Aus der Pfanne nehmen.

Zum Servieren 2 kleine Krabbenfrikadellen in jedes Salatblatt wickeln und mit 1 Esslöffel Aioli garnieren.

Ernährung (pro 100 Gramm): 344 Kalorien 24 g Fett 2 g Kohlenhydrate 24 g Protein 804 mg Natrium

Estragon-Orangen-Hähnchensalat-Verpackung

Zubereitungszeit: 15 Minuten.

Zeit zu Kochen: 0 Minuten

Portionen: 4

Schwierigkeitsgrad: Einfach

Zutaten:

- ½ Tasse griechischer Vollmilchjoghurt
- 2 Esslöffel Dijon-Senf
- 2 Esslöffel natives Olivenöl extra
- 2 Esslöffel frischer Estragon
- ½ Teelöffel Salz
- ¼ Teelöffel frisch gemahlener schwarzer Pfeffer
- 2 Tassen gekochtes zerkleinertes Hähnchen
- ½ Tasse gehackte Mandeln
- 4-8 große Bibb-Salatblätter, Stiele entfernt
- 2 kleine reife Avocados, geschält und in dünne Scheiben geschnitten
- 1 Clementine oder die Schale einer ½ kleinen Orange (ca. 1 Esslöffel)

Titel:

Joghurt, Senf, Olivenöl, Estragon, Orangenschale, Salz und Pfeffer in einer mittelgroßen Schüssel mischen und cremig mixen. Die zerkleinerte Hähnchenbrust und die Mandeln dazugeben und bestreichen.

Um die Wraps zusammenzusetzen, gib etwa ½ Tasse der Hähnchensalatmischung in die Mitte jedes Salatblatts und bedecke es mit Avocadoscheiben.

Ernährung (pro 100 Gramm): 440 Kalorien 32 g Fett 8 g Kohlenhydrate 26 g Protein 607 mg Natrium

Pilze gefüllt mit Feta-Käse und Quinoa

Zubereitungszeit: 5 Minuten.

Zeit zu Kochen: 8 Minuten

Portionen: 6

Schwierigkeitsgrad: mittel

Zutaten:

- 2 Esslöffel fein gehackte rote Paprika
- 1 gehackte Knoblauchzehe
- ¼ Tasse gekochte Quinoa
- 1/8 Teelöffel Salz
- ¼ Teelöffel getrockneter Oregano
- 24 Champignons, gestielt
- 2 Unzen Feta-Käse zerbröckelt
- 3 Esslöffel Vollkornbrösel
- Olivenölspray zum Kochen

Titel:

Ofen auf 360°F vorheizen. In einer kleinen Schüssel Paprika, Knoblauch, Quinoa, Salz und Oregano vermischen. Gießen Sie die Quinoa-Füllung in die Pilzköpfe, bis sie voll sind. Auf jeden Pilz ein kleines Stück Feta-Käse geben. Auf jedem Pilz eine Prise Semmelbrösel über den Feta streuen.

Den Airfryer-Korb mit Kochspray auskleiden, dann die Pilze vorsichtig in den Korb legen und darauf achten, dass sie sich nicht berühren.

Den Korb in den Ofen stellen und 8 Minuten backen. Aus dem Ofen nehmen und servieren.

Ernährung (pro 100 Gramm): 97 Kalorien 4 g Fett 11 g Kohlenhydrate 7 g Protein 677 mg Natrium

Falafel aus fünf Zutaten mit Knoblauch-Joghurt-Sauce

Zubereitungszeit: 5 Minuten.

Zeit zu Kochen: 15 Minuten

Portionen: 4

Schwierigkeitsgrad: Schwierig

Zutaten:

- für die Falafel
- 1 Dose (15 oz.) Kichererbsen, abgetropft und gespült
- ½ Tasse frische Petersilie
- 2 Knoblauchzehen, fein gehackt
- ½ Esslöffel gemahlener Kreuzkümmel
- 1 Esslöffel Vollkornmehl
- Salz
- Für die Knoblauch-Joghurt-Sauce
- 1 Tasse fettfreier griechischer Naturjoghurt
- 1 gehackte Knoblauchzehe
- 1 Esslöffel gehackter frischer Dill
- 2 Esslöffel Zitronensaft

Titel:

Um die Falafel zu machen

Ofen auf 360°F vorheizen. Geben Sie die Kichererbsen in eine Küchenmaschine. Pulsieren bis fast gemahlen, dann Petersilie,

Knoblauch und Kreuzkümmel hinzufügen und eine weitere Minute kochen, bis die Zutaten eine Paste bilden.

Fügen Sie das Mehl hinzu. Noch ein paar Mal pulsieren, bis alles kombiniert ist. Es wird die Konsistenz von Nudeln haben, aber die Kichererbsen müssen in kleine Stücke gebrochen werden. Rollen Sie den Teig mit sauberen Händen zu 8 Kugeln gleicher Größe und klopfen Sie die Kugeln dann etwas nach unten, sodass sie zu halbdicken Scheiben werden.

Den Airfryer-Korb mit Kochspray auskleiden, dann die Falafel-Bratlinge in einer einzigen Schicht in den Korb legen und darauf achten, dass sie sich nicht berühren. 15 Minuten im Ofen backen.

Zur Zubereitung der Knoblauch-Joghurt-Sauce

Joghurt, Knoblauch, Dill und Zitronensaft mischen. Wenn die Falafel fertig und von allen Seiten schön gebräunt sind, aus dem Ofen nehmen und mit Salz würzen. Den Dip mit der heißen Seite nach oben servieren.

Ernährung (pro 100 Gramm): 151 Kalorien 2 g Fett 10 g Kohlenhydrate 12 g Protein 698 mg Natrium

Zitronengarnelen mit Knoblauch-Olivenöl

Zubereitungszeit: 5 Minuten
Zeit zu Kochen: 6 Minuten
Portionen: 4
Schwierigkeitsgrad: mittel

Zutaten:

- 1 Pfund mittelgroße Garnelen, gereinigt und entdarmt
- ¼ Tasse plus 2 Esslöffel Olivenöl, geteilt
- Saft von ½ Zitrone
- 3 Knoblauchzehen, gehackt und geteilt
- ½ Teelöffel Salz
- ¼ Teelöffel rote Paprikaflocken
- Zitronenscheiben zum Servieren (optional)
- Marinara-Sauce, zum Dippen (optional)

Titel:

Ofen auf 380°F vorheizen. Garnelen mit 2 Esslöffeln Olivenöl, Zitronensaft, 1/3 gehacktem Knoblauch, Salz und Paprikaflocken hinzufügen und gut abdecken.

Kombinieren Sie in einem kleinen Topf die restlichen ¼ Tasse Olivenöl und den restlichen gehackten Knoblauch. Reißen Sie ein 12" x 12" (30 x 30 cm) großes Stück Aluminiumfolie ab. Die Garnelen in die Mitte der Folie legen, dann die Seiten hochklappen und die Ränder einschlagen, sodass eine oben offene

Folienschüssel entsteht. Legen Sie dieses Päckchen in den Backkorb.

Grillen Sie die Garnelen 4 Minuten lang, öffnen Sie dann die Fritteuse und stellen Sie die Öl- und Knoblauchförmchen in den Korb neben der Garnelenpackung. Weitere 2 Minuten kochen. Legen Sie die Garnelen zum Dippen auf einen Teller oder eine Platte mit Knoblauch-Olivenöl an der Seite. Auf Wunsch kann es auch mit Zitronenschnitzen und Marinara-Sauce serviert werden.

Ernährung (pro 100 Gramm): 264 Kalorien 21 g Fett 10 g Kohlenhydrate 16 g Protein 473 mg Natrium

Knusprige Pommes aus grünen Bohnen mit Zitronen-Joghurt-Sauce

Zubereitungszeit: 5 Minuten.

Zeit zu Kochen: 5 Minuten

Portionen: 4

Schwierigkeitsgrad: mittel

Zutaten:

- Für die grünen Bohnen
- 1 Ei
- 2 Esslöffel Wasser
- 1 Esslöffel Vollkornmehl
- ¼ Teelöffel Paprika
- ½ Teelöffel Knoblauchpulver
- ½ Teelöffel Salz
- ¼ Tasse Vollkornbrösel
- ½ Pfund ganze grüne Bohnen
- Für die Zitronen-Joghurt-Sauce
- ½ Tasse fettfreier griechischer Naturjoghurt
- 1 Esslöffel Zitronensaft
- ¼ Teelöffel Salz
- 1/8 Teelöffel Cayennepfeffer

Titel:

Zur Zubereitung der grünen Bohnen

Ofen auf 380°F vorheizen.

In einer mitteltiefen Schüssel die Eier und das Wasser schaumig schlagen. In einer anderen mittelgroßen, flachen Schüssel Mehl, Paprikapulver, Knoblauchpulver und Salz vermischen und dann die Semmelbrösel einrühren.

Bestreichen Sie den Boden des Ofens mit Kochspray. Tauchen Sie jede grüne Bohne in die Eimischung, dann in die Semmelbröselmischung und bestreichen Sie die Außenseite mit den Krümeln. Legen Sie die grünen Bohnen in einer einzigen Schicht auf den Boden des Airfryer-Korbs.

5 Minuten im Ofen backen oder bis die Semmelbrösel goldbraun sind.

Für die Zitronen-Joghurt-Sauce

Joghurt, Zitronensaft, Salz und Cayennepfeffer unterrühren. Servieren Sie die Pommes mit grünen Bohnen und Zitronen-Joghurt-Dip als Snack oder Vorspeise.

Ernährung (pro 100 Gramm): 88 Kalorien 2 g Fett 10 g Kohlenhydrate 7 g Protein 697 mg Natrium

Hausgemachte Meersalz-Pita-Chips

Zubereitungszeit: 2 Minuten.

Zeit zu Kochen: 8 Minuten

Portionen: 2

Schwierigkeitsgrad: Einfach

Zutaten:

- 2 Vollkornbrötchen
- 1 Esslöffel Olivenöl
- ½ Teelöffel koscheres Salz

Titel

Friteuse auf 360°F vorheizen. Jede Pita in 8 Scheiben schneiden. In einer mittelgroßen Schüssel die Pita-Scheiben, das Olivenöl und das Salz mischen, bis die Scheiben bedeckt sind und das Olivenöl und das Salz gleichmäßig verteilt sind.

Ordnen Sie die Pita-Scheiben in einer gleichmäßigen Schicht im Airfryer-Korb an und backen Sie sie 6-8 Minuten lang.

Mit zusätzlichem Salz abschmecken. Alleine oder mit Ihrer Lieblingssauce servieren.

Ernährung (pro 100 Gramm): 230 Kalorien 8 g Fett 11 g Kohlenhydrate 6 g Protein 810 mg Natrium

Gebratener Spanakopita-Dip

Zubereitungszeit: 10 Minuten.

Zeit zu Kochen: 15 Minuten

Portionen: 2

Schwierigkeitsgrad: mittel

Zutaten:

- Olivenölspray zum Kochen
- 3 Esslöffel Olivenöl, geteilt
- 2 Esslöffel fein gehackte weiße Zwiebel
- 2 Knoblauchzehen, fein gehackt
- 4 Tassen frischer Spinat
- 4 Unzen Frischkäse, erweicht
- 4 Unzen Feta-Käse, geteilt
- Schale von 1 Zitrone
- ¼ Teelöffel gemahlene Muskatnuss
- 1 Teelöffel getrockneter Dill
- ½ Teelöffel Salz
- Pita Chips, Karottensticks oder geschnittenes Brot zum Servieren (optional)

Titel:

Friteuse auf 360°F vorheizen. Beschichten Sie die Innenseite einer 6-Zoll-Pfanne mit Kochspray.

1 Esslöffel Olivenöl in einer großen Pfanne bei mittlerer Hitze erhitzen. Fügen Sie die Zwiebel hinzu und kochen Sie für 1 Minute. Fügen Sie den Knoblauch hinzu und kochen Sie unter Rühren für eine weitere Minute.

Hitze reduzieren und Spinat und Wasser unterrühren. Kochen, bis der Spinat weich ist. Pfanne vom Herd nehmen. Kombinieren Sie in einer mittelgroßen Schüssel Frischkäse, 2 Unzen Feta und restliches Olivenöl, Zitronenschale, Muskatnuss, Dill und Salz. Mischen, bis kombiniert.

Das Gemüse zum Käseboden geben und mischen. Gießen Sie die Saucenmischung in die vorbereitete Pfanne und bedecken Sie sie mit den restlichen 2 Unzen Feta-Käse.

Geben Sie die Sauce in den Airfryer-Korb und kochen Sie sie 10 Minuten lang oder bis sie durchgewärmt und sprudelnd ist. Mit Pita-Chips, Karotten oder geschnittenem Brot servieren.

Ernährung (pro 100 Gramm): 550 Kalorien 52 g Fett 21 g Kohlenhydrate 14 g Protein 723 mg Natrium

Gerösteter Perlzwiebel-Dip

Zubereitungszeit: 5 Minuten.

Zeit zu Kochen: 12 Minuten plus 1 Stunde zum Abkühlen

Portionen: 4

Schwierigkeitsgrad: mittel

Zutaten:

- 2 Tassen geschälte Perlzwiebeln
- 3 Knoblauchzehen
- 3 Esslöffel Olivenöl, geteilt
- ½ Teelöffel Salz
- 1 Tasse fettfreier griechischer Naturjoghurt
- 1 Esslöffel Zitronensaft
- ¼ Teelöffel schwarzer Pfeffer
- 1/8 Teelöffel rote Paprikaflocken
- Pita-Chips, Gemüse oder Toast zum Servieren (optional)

Titel:

Ofen auf 360°F vorheizen. In einer großen Schüssel die Perlzwiebeln und den Knoblauch mit 2 Esslöffeln Olivenöl vermengen, bis die Zwiebeln gut überzogen sind.

Gießen Sie die Knoblauch-Zwiebel-Mischung in den Luftfritteusenkorb und rösten Sie sie 12 Minuten lang. Knoblauch und Zwiebel in eine Küchenmaschine geben. Drehen Sie das

Gemüse mehrmals, bis die Zwiebel zerkleinert ist, aber noch einige Stücke übrig sind.

Fügen Sie den Knoblauch und die Zwiebel und den restlichen Esslöffel Olivenöl sowie das Salz, den Joghurt, den Zitronensaft, den schwarzen Pfeffer und die roten Pfefferflocken hinzu. Kühlen Sie für 1 Stunde vor dem Servieren mit Pita-Chips, Gemüse oder Toast.

Ernährung (pro 100 Gramm): 150 Kalorien 10 g Fett 6 g Kohlenhydrate 7 g Protein 693 mg Natrium

Paprika-Tapenade

Zubereitungszeit: 5 Minuten.

Zeit zu Kochen: 5 Minuten

Portionen: 4

Schwierigkeitsgrad: mittel

Zutaten:

- 1 große rote Paprika
- 2 Esslöffel plus 1 Teelöffel Olivenöl
- ½ Tasse Kalamata-Oliven, entsteint und gehackt
- 1 gehackte Knoblauchzehe
- ½ Teelöffel getrockneter Oregano
- 1 Esslöffel Zitronensaft

Titel:

Ofen auf 380°F vorheizen. Bürsten Sie die Außenseite einer ganzen roten Paprika mit 1 Teelöffel Olivenöl und legen Sie sie in den Luftfritteusenkorb. 5 Minuten grillen. In der Zwischenzeit in einer mittelgroßen Schüssel die restlichen 2 Esslöffel Olivenöl mit Oliven, Knoblauch, Oregano und Zitronensaft mischen.

Die rote Paprika aus dem Ofen nehmen, dann die Stiele vorsichtig abschneiden und die Kerne entfernen. Die geröstete Paprika in kleine Stücke schneiden.

Fügen Sie die rote Paprika zur Olivenmischung hinzu und rühren Sie, bis alles gut vermischt ist. Mit Pita-Chips, Crackern oder knusprigem Brot servieren.

Ernährung (pro 100 Gramm): 104 Kalorien 10 g Fett 9 g Kohlenhydrate 1 g Protein 644 mg Natrium

Griechische Kartoffelkruste mit Oliven und Feta-Käse

Zubereitungszeit: 5 Minuten.

Zeit zu Kochen: 45 Minuten

Portionen: 4

Schwierigkeitsgrad: Schwierig

Zutaten:

- 2 rostige Kartoffeln
- 3 Esslöffel Olivenöl
- 1 Teelöffel koscheres Salz, geteilt
- ¼ Teelöffel schwarzer Pfeffer
- 2 Esslöffel frischer Koriander
- ¼ Tasse Kalamata-Oliven, gewürfelt
- ¼ Tasse Feta-Käse, zerbröckelt
- gehackte frische Petersilie, zur Dekoration (optional)

Titel:

Ofen auf 380°F vorheizen. Mit einer Gabel 2-3 Löcher in die Kartoffeln stechen, dann mit etwa ½ EL Olivenöl und ½ TL Salz bepinseln.

Legen Sie die Kartoffeln in einen Luftfritteusenkorb und backen Sie sie 30 Minuten lang. Die Kartoffeln aus dem Ofen nehmen und halbieren. Kratzen Sie mit einem Löffel das Fruchtfleisch der

Kartoffeln heraus, lassen Sie eine ½-Zoll-Schicht Kartoffel in der Schale und legen Sie es beiseite.

In einer mittelgroßen Schüssel die Hälfte der Kartoffeln mit den restlichen 2 Esslöffeln Olivenöl, ½ Teelöffel Salz, schwarzem Pfeffer und Koriander mischen. Gut mischen. Die Kartoffelfüllung auf die bereits leeren Kartoffelschalen verteilen, gleichmäßig darauf verteilen. Jede Kartoffel mit einem Esslöffel Oliven und Feta-Käse belegen.

Die gefüllten Kartoffelschalen wieder in den Ofen geben und 15 Minuten backen. Falls gewünscht, mit zusätzlichem gehacktem Koriander oder Petersilie und einem Spritzer Olivenöl servieren.

Ernährung (pro 100 Gramm): 270 Kalorien 13 g Fett 34 g Kohlenhydrate 5 g Protein 672 mg Natrium

Pita-Fladenbrot mit Artischocken und Oliven

Zubereitungszeit: 5 Minuten.

Zeit zu Kochen: 10 Minuten

Portionen: 4

Schwierigkeitsgrad: Einfach

Zutaten:

- 2 Vollkornbrötchen
- 2 Esslöffel Olivenöl, geteilt
- 2 Knoblauchzehen, fein gehackt
- ¼ Teelöffel Salz
- ½ Tasse Artischockenherzen aus der Dose, in Scheiben geschnitten
- ¼ Tasse Kalamata-Oliven
- ¼ Tasse geriebener Parmesankäse
- ¼ Tasse Feta-Käse, zerbröckelt
- gehackte frische Petersilie, zur Dekoration (optional)

Titel:

Ofen auf 380°F vorheizen. Jede Pita mit 1 Esslöffel Olivenöl bestreichen, dann mit gehacktem Knoblauch und Salz bestreuen.

Artischockenherzen, Oliven und Käse gleichmäßig auf die beiden Pitas verteilen und beides 10 Minuten im Umluftofen backen. Vor dem Servieren das Pita entfernen und in 4 Stücke schneiden. Nach Belieben Petersilie darüber streuen.

Ernährung (pro 100 Gramm): 243 Kalorien 15 g Fett 10 g Kohlenhydrate 7 g Protein 644 mg Natrium

www.ingramcontent.com/pod-product-compliance
Lightning Source LLC
Chambersburg PA
CBHW071239080526
44587CB00013BA/1689